L'AUTRE NOM DE LA ROSE

Mine G. SAULNIER et Jacques JEULIN

L'AUTRE NOM DE LA ROSE

Un regard turc
sur la tragédie cathare et
l'épopée de Cheikh
Bedreddin

Préface de Jacques Thobie

Traduit et adapté du turc

e-dite & édition de l'œil du sphinx

Mine G. Saulnier. Diplômée du lycée français de Notre-Dame de Sion et de l'Université d'Istanbul, est sociologue de formation. Correspondante de presse à Bilbao et Madrid, elle se spécialisa dans le séparatisme ethnique et exerce le métier de journaliste éditorialiste à Paris pour deux grands quotidiens turcs. Elle a publié six livres (roman, essai et nouvelles) en turc et deux en français.

Jacques Jeulin. Diplômé des Hautes Études Commerciales et licencié en droit, Jacques Jeulin, né en 1925 à Paris, s'est engagé en 1944 à la libération de Paris et a participé à la fin de la seconde guerre mondiale. De 1946 à 1985, il a été dirigeant de la Banque Ottomane en Turquie et de sa filiale libanaise au milieu des années 60. Son long séjour en Turquie, presque ininterrompu, lui a permis de bien connaître et d'aimer la langue, l'histoire et surout les hommes et les femmes de ce pays si proche et parfois si différent.

© e-dite & édition de l'œil du sphinx
ISBN : 2-84668-006-2
EAN : 978-2846080064

PRÉFACE

On ne peut qu'éprouver une grande satisfaction de ce que l'élégante adaptation-traduction du turc de M. Jacques Jeulin puisse mettre à la disposition des lecteurs francophones le beau livre de Mme Mine G. Saulnier, L'Autre Nom de la rose, d'abord paru en Turquie, et qui recherche une« parenté» entre « la tragédie cathare et l'épopée de Cheikh Bedreddin ».

L'exercice n'est pas simple, car le projet de l'auteur n'est point seulement de traiter un exemple de comparaison historique entre deux hérésies, dans le temps et l'espace, mais aussi de lui donner une valeur, au demeurant sympathique, de pédagogie et de morale civique. L'ouvrage offre au public turc une approche plus aisée du phénomène cathare en le rapprochant d'un élément plus familier de son patrimoine culturel, le mouvement de Cheikh Bedreddin à travers les travaux de ses érudits, mais aussi de ses écrivains, et notamment du poète Nazmt Hikmet. Réciproquement, le public français, en même temps qu'il sera incité à compléter sa connaissance du catharisme, verra facilitée son initiation au bedreddinisme. À tout coup, l'histoire interculturelle y gagne.

Exercice périlleux donc, mais aussi exercice passionnant d'histoire comparative d'influence culturelle, qui souligne l'importance des terres d'Asie mineure et des Balkans pour le développement, pendant des périodes plus ou moins longues, des hétérodoxies chrétiennes et musulmanes, que Mine G. Saulnier et Jacques Jeulin nous fournissent par touches successives. La plus impressionnante et la plus durable est liée au cheminement de l'idée dualiste, soubassement doctrinal du catharisme, que l'on peut filer de la manière suivante : sans remonter à Manès, on constate au milieu du VIIe siècle la vitalité des idées pauliciennes en Arménie, en Asie mineure et en Thrace ; vers 870, on trouve des centres du paulicianisme dans sa forme la plus pure à Tibrike (Divriği) et en Bulgarie, à la suite de la déportation des populations de Malatya et d'Erzurum par Constantin V ; intervient alors, au milieu du Xe siècle, la réforme du paulicianisme par Bogomil, dont les croyances se répandent chez les Slaves balkaniques et jusqu'à Constantinople ; après bien des péripéties, le bogomilisme trouvera en Bosnie des circonstances favorables jusqu'au XVe siècle, tandis qu'il essaime en Occident, par l'intermédiaire notamment des Croisés, dès le début du XIIe siècle, et aussi des praticiens du commerce international ; il est intéressant de noter qu'au XIVe siècle, alors que le catharisme a été écrasé dans le royaume de France, brille une église cathare à Philadelphie, près de Laodicée de Pisidie (Alaşehir). Mieux encore, sur le bas d'une inscription retrouvée à Laodicée, un spécialiste[1] démontre que des croyances de Cathares d'Asie mineure au IVe siècle se retrouvent, six ou sept siècles plus tard, dans le credo des Cathares d'Europe occidentale.

Pour être moins durables c'est, pour une large part, sur les mêmes terres, ainsi que le soulignent les auteurs, que naissent et se répandent l'enseignement et l'action de Bedreddin Simavni. Né en 1358/59 aux

---

1. Henri GREGOIRE, « Cathares d'Asie mineure, d'Italie et de France », dans Mémorial Louis Petit, Mélanges d'histoire et d'archéologie byzantines, *Institut français d'études byzantines*, Bucarest, 1948, pp. 142-151.

environs d'Andrinople, dans une région récemment conquise par les Ottomans, de mère chrétienne, fils et petit-fils de conquérants Gazi seldjoukides, au temps où San Saltuk affermissait sa position de docteur de la religion, le jeune Bedreddin y apprend, sous la direction de son père, les fondements de la religion musulmane ; il continue ses études à Bursa et Konya, puis à Jérusalem et au Caire où il est initié au soufisme et d'où il se rend au pèlerinage de la Mecque; après un voyage en Perse, il gagne l'Anatolie occidentale où il poursuit la rédaction de son œuvre, et prêche dans plusieurs villes, surtout dans les milieux réfractaires à la domination ottomane ; il profite de l'affaiblissement de celle-ci pour affermir sa réputation dans toute l'Anatolie ; après un bref séjour à Chias, en milieu chrétien, il s'installe à Andrinople où il est nommé, pour un court moment, Juge de l'Armée mais, à la chute de son protecteur, Mehmet Ier l'exile à Nicée (Iznik); il ne tarde pas à s'enfuir vers Kastamonu et Sinop, débarque en Crimée, puis passe en Valachie sous la protection d'un prince chrétien. C'est de là qu'il mène dans les provinces frontalières de la Dobroudja et de Deli Orman, une intense propagande sociale et politique anti-ottomane auprès de tous les mécontents, qu'ils soient chrétiens ou musulmans, tandis que ses deux principaux disciples mènent la même action, dans les milieux chiites, juifs et chrétiens, autour de Manisa et d'Izmir; cela aboutira à de nombreuses et puissantes révoltes, qui prennent parfois l'allure de jacqueries, mais les insurgés seront vaincus et Bedreddin sera condamné et pendu à Serrès, en Macédoine, en 1419 ou 1420.

Sur le plan des doctrines, les auteurs dégagent d'intéressantes concordances entre les croyances cathares et la pensée de Bedreddin et de ses disciples; des deux côtés on récuse les notions de paradis, d'enfer, de résurrection ; l'adhésion à une croyance ne peut être imposée par la force; les uns et les autres refusent une organisation sociale et politique centralisatrice et contraignante, y compris de la part de l'État ; ils s'élèvent aussi contre la propriété privée et préconisent un partage des terres et leur exploitation collective. Ces rencontres doctrinales paraissent importantes, mais le catalogue des différences, que nos auteurs n'oublient pas, serait fort lourd, notamment en ce qui concerne la prédestination, les miracles, le statut de h femme et surtout, chez Bedreddin, le primat de /'Unicité et notamment l'unité profonde des trois grands religions monothéistes, et le syncrétisme doctrinal et pratique qui en découle.

Du reste, cette façon d'aborder h question risque d'être peu féconde. En effet, qu'il y ait entre cathnrisme et bedreddinisme une relative superposition géographique, à des siècles d'intervalle, qu'on puisse repérer des ressemblances entre les deux conceptions doctrinales, que des deux côtés, on ait su exploiter des situations d'incertitudes sociales et politiques pour mener un combat radical contre les pouvoirs politiques et religieux en pince, le roi de France et h Papauté en Occident, le Sultan ottoman en Orient, que les deux mouvements nient été écrasés dans le sang, ne signifient aucunement que le bogomilisme nit eu h même influence en Islam que vis-à-vis du Christianisme. Mine G. Snulnier et Jacques Jeulin ne le disent pas ouvertement, mais ils oscillent entre prudence et audace, insistant sur des hypothèses intéressantes, nu demeurant plausibles, mais qui nécessiteraient d'être prouvées scientifiquement. Cet ouvrage a ainsi le mérite de poser une importante question d'histoire des relations culturelles et des mentalités, et aussi de suggérer des pistes de recherche. Il faut bien reconnaître que jusqu'ici, les spécinlistes[2] sont pratiquement muets sur des rapports d'influence entre cathnrisme et bedreddinisme. Ils mettent surtout l'accent, concernant la formation de Bedreddin, sur l'impact fondamental des traditions du Tasavvuf *(soufisme), l'influence du grand métaphysicien espagnol Ibn Arabi ayant été, aux dires de*

---

2. *Thierry ZARCONE.* « **Nouvelles perspectives dans les recherches sur les Kmlba - Alevis et les Bektachis de la Dobroudja, de Deli-Orman et de la Thrace orientale»** *dans A1latolia Maderna, 1992, pp.1-11, article cité dans /'011vrage, et Michel BAUVET,* « **Deux partisans de la fusion religieuse des chrétiens et des musulmans du XVᵉ siècle : le Turc Bedreddin et le Grec Georges de Trébizonde»,** *dans Byzantina, 10, 1980, pp.363-400.*

Bedreddin lui-même, déterminante dans son orientation ; mais sont également pris en compte, la propagande de Sarı Saltuk, et tout un substrat culturel lié à des mythes d'origine asiatique, voire à des légendes tribales. On est loin ici du bogomilisme ; tout au plus peut-on admettre l'hypothèse, sous bénéfice d'inventaire, que la diffusion antérieure du catharisme a pu faciliter l'adhésion de certaines populations des régions concernées aux enseignements de Bedreddin.

Il faut remercier les auteurs d'avoir pris à bras le corps un vrai problème d'influence et de diffusion culturelles et de l'avoir exposé avec une grande clarté. Pourtant un souci pédagogique sans doute excessif les conduit, chemin faisant, à plaquer un vocabulaire et des concepts contemporains sur des événements survenus il y a plusieurs siècles. Le procédé est discutable intrinsèquement dans la mesure où il n'est nullement prouvé que cet anachronisme déclaré permette au lecteur d'aujourd'hui de mieux comprendre les réalités d'autrefois. L'historien en éprouve quelque réticence. Mais l'essentiel ici est bien de porter le regard sur le message tonique d'un ouvrage attachant, dont les analyses mettent l'accent sur des croyances et des revendications véhiculées, à la fin du Moyen Âge, du plateau anatolien à l'Atlantique et qui, Mine G. Saulnier et Jacques Jeulin ont raison de le souligner, sont toujours d'une criante actualité : le souci de justice sociale et d'une plus juste répartition des richesses, fruits du travail humain, et aussi la pratique d'une tolérance religieuse, dont on assiste alors avec, entre autres, le syncrétisme d'un Bedreddin, aux premiers et louables balbutiements, et qui rebondit cinq siècles plus tard à travers un œcuménisme qui cherche encore ses marques.

Jacques THOBIE
Professeur émérite Université Paris-8,
Ancien directeur de l'Institut Français
d'Études Anatoliennes d'Istanbul

Apprenant que des catholiques étaient mêlés aux hérétiques, les assaillants demandèrent à l'abbé:

- Que ferons-nous, seigneur ? Nous ne pouvons pas distinguer les bons des méchants.

On dit que l'abbé, craignant, tout autant que les autres, que certains ne feignent d'être catholiques par peur de la mort, et ne retournent à l'erreur après le départ des croisés, répondit:

- Tuez-les tous, Dieu reconnaîtra les siens.

C'est ainsi qu'une quantité innombrable de gens furent tués dans cette ville.

(Mot attribué à l'abbé de Citeaux le 22 juillet 1209 lors du massacre des cathares par les barons croisés venus du Nord à Béziers).

Le deuxième des enturbannés était Şükrüllah ben Şehabeddin. Il dit:

- Trop nombreux sont ceux qui suivent l'enseignement de ce soufi. Et le pire est que leurs agissements sont ouvertement contraires à la loi du Prophète.

Le troisième des enturbannés était Aşik Paşazade. Il dit:

- Question : si Ahir Borklüce est torturé et tué, mourra-t-il dans la foi ou mécréant ?

- Réponse : Dieu seul le sait, parce que nous ne pouvons pas savoir ce qu'il pensera au moment de mourir... (L'Épopée de Cheikh Bedreddin, par Nazim Hikmet ; ces deux personnages sont des historiens ottomans du début du XVe siècle).

Au premier coup d'œil, chercher une parenté entre la religion cathare, ou bogomile, (nous disons religion, ou doctrine, ou mouvement d'idées plus volontiers que secte ou hérésie), qui a exercé son influence en Occitanie, dans le sud-ouest de la France, du XIe à la fin du XIIIe siècle, et le mouvement de Cheikh Bedreddin, condamné à mort et pendu en 1420 en Turquie peut paraître un rêve.

Le pays où la religion bogomile est le plus anciennement attestée est la Bulgarie, où un pope nommé Bogomil prêchait vers l'an 950. De Bulgarie, le bogomilisme gagna : à l'est, Philadelphia et sa région (aujourd'hui Alaşehir, en Turquie, à 130 kilomètres à l'est d'Izmir) ; à l'ouest, la Macédoine occidentale et le Péloponnèse, la Dalmatie et la Bosnie, puis l'Italie, l'Europe occidentale et surtout le pays occitan. Il perdurera jusqu'au milieu du XIIIe siècle. Or la province d'Aydın, en Anatolie de l'Ouest, où les compagnons de Cheikh Bedreddin se sont d'abord organisés, puis la Bulgarie (conquise peu à peu par les Turcs dès

1350), où Bedreddin est probablement né et où il s'est réfugié, sont les mêmes régions que celles où la doctrine bogomile est née. La doctrine de Bedreddin a trouvé ses partisans en Anatolie de l'Ouest, vers Aydın (à 100 kilomètres d'Alaşehir), et dans le sud des Balkans, en Macédoine, s'est installée en Bulgarie dans les forêts de la Dobroudja, et a été condamnée à Serrès, en Macédoine aujourd'hui grecque, qui alors était turque.

Les idées de Cheikh Bedreddin sont en partie une projection de la doctrine bogomile, ou cathare. Le plus remarquable, c'est que les partisans de ces deux doctrines, actives à moins de deux cents ans d'intervalle, et propagées à des milliers de kilomètres l'une de l'autre, visaient le même idéal de propriété communautaire ou de partage des biens. Les cathares étaient une grave menace pour la base même de l'Église catholique, la royauté et la féodalité, et la révolte de Bedreddin mit de la même façon en péril l'Empire ottoman à ses débuts. Plus tard, beaucoup plus tard, au début de la République turque, c'est l'immense poète turc communiste, Nazım Hikmet, qui dans son œuvre superbe *L'Épopée de Cheikh Bedreddin* rappela à ses compatriotes la vie et l'œuvre de Bedreddin, dont aujourd'hui les Turcs se souviennent mieux grâce à lui :

> *Chanter d'une seule voix,*
> *retirer tous ensemble les filets des eaux,*
> *travailler le fer comme une dentelle,*
> *tous ensemble,*
> *labourer tous ensemble la terre,*
> *manger tous ensemble les figues au goût de miel*
> *être ensemble en tout*
> *et partout,*
> *sauf sur la joue de la bien-aimée...*

Nazım Hikmet est le plus grand poète de la Turquie moderne, et le plus connu à l'étranger. Il passa de longues années en prison et mourut en exil, à Moscou, en 1963. Il écrivait à Berlin-Est en 1961 : « *On m'imprime dans trente ou quarante langues, mais moi je suis interdit dans ma propre langue.* » Tout autant que ses idées communistes, une certaine « élite » conservatrice turque lui reprochait d'avoir fait descendre la poésie de son piédestal et de l'avoir mise à la portée du peuple dans une langue de tous les jours, plus encore peut-être qu'Arthur Rimbaud, dont Nazım Hikmet – qui savait le français et le russe – s'est parfois inspiré. En écrivant *L'Épopée de Cheikh Bedreddin*, il se replaçait dans une vieille tradition populaire turque, au-delà et au-dessus de ses adversaires. Quand, imprégné de cette œuvre de Nazım Hikmet, on étudie les cathares, le rapprochement est inévitable.

Bien que la ressemblance étonnante entre les lieux de naissance et de développement, si voisins les uns des autres, et entre les principes de base des deux doctrines prête à réflexion, nous ne pouvons pas ici avancer une thèse quelconque qui prouve réellement un lien entre le mouvement de Cheikh Bedreddin et la religion cathare. Seuls des historiens qualifiés peuvent étudier les parentés entre ces deux courants de pensée, qui ne sont pas identiques, mais dont l'un apparaît la continuation de l'autre[3].

Une question similaire se pose en France, qui n'est toujours pas résolue : dans quelle mesure le protestantisme méridional, forteresse du protestantisme français, est-il l'héritier du catharisme ? La région marquée par le catharisme coïncide largement avec celle où le protestantisme s'est épanoui trois

---

3. Dans notre recherche, nous nous sommes largement inspirés des travaux des historiens mentionnés dans la bibliographie en fin du livre, et particulièrement des ouvrages de Michel Roquebert (*L'Épopée Cathare*) et de René Nelli (dont le Centre d'études cathares, à Carcassonne, porte le nom).

siècles plus tard. Au XIIe siècle, les croisades contre les « Albigeois » avaient fait du Midi une région sinistrée, qui ne retrouvera pas la prospérité passée et cessa d'être un pôle avancé de l'évolution socio-politique. Leur belle langue, l'occitan, fut relégué au rang de patois folklorique. Les exactions commises sous l'impulsion de l'Église dans le sud de la France entraînèrent en tout cas une tradition anticléricale tenace que l'on retrouve lors de la Réforme, au XVIe, puis, dans les temps modernes, lors de la montée des doctrines socialistes et de la libre pensée. Pour les Français d'aujourd'hui, Henri IV, le roi béarnais, protestant devenu catholique, est un symbole de tolérance et de réconciliation.

La parenté entre Cheikh Bedreddin et les cathares-bogomiles, si elle existe, apparaît tout autant mais est aussi difficile à établir.

Nous vous conterons simplement ici la légende de quelques villes et châteaux plantés sur les pentes et les sommets de la plus ancienne chaîne de montagnes de l'Europe, qui relie l'Atlantique à la Méditerranée. Notre récit, en même temps, c'est la glorieuse légende des cathares, ces héros du message d'amour le plus pur, le plus profond, le plus généreux que l'humanité ait connu, et qui ont été condamnés à mort parce qu'ils l'avaient chanté avant l'heure dans l'Europe du Moyen Âge. C'est en leur honneur que l'Église romaine a, pour la première fois dans l'histoire, allumé les bûchers de l'Inquisition. En parcourant les pages de l'histoire qui relate les cruelles souffrances que les cathares ont subies en Occitanie jusqu'à leur destruction finale, inévitablement nous mettrons le doigt sur le pont qui relie ces sources de foi aux idées de Cheikh Bedreddin.

Au seuil de l'an 2000, si on pense que, dans la Turquie d'aujourd'hui, un bon nombre de ceux qui ont reçu une éducation dite occidentale se donnent de grands airs européens et croient qu'il suffit de remplacer l'eau de rose, chère aux pèlerins qui reviennent de La Mecque, par des parfums français... D'autres Turcs peuvent dire qu'ils ont compris la leçon d'Alaşehir, mais en quoi les exploits des cathares sur les Pyrénées peuvent-ils les concerner ? Et les Kurdes, et tout ce qui se passe aujourd'hui en Turquie, qui cela concerne ?

Obstinés contre la mentalité de ceux qui après avoir ravagé le lac de Manyas[4] veulent faire de notre société d'illettrés un « paradis des oiseaux » où tous chantent d'une seule voix, nous avons préparé les quelques pages qui composent ce livre pour ceux qui croient à une culture universelle ; pour ceux qui comprennent que l'Europe civilisée n'a pas été créée en un jour, et pourquoi chacun, sans crainte, y est libre de penser et de parler de tout...

Börklüce Mustafa, crucifié dans la ville d'Aydın, appartient à l'humanité tout entière. Et les beaux châteaux des Pyrénées nous intéressent aussi.

La chaîne des Pyrénées sépare la France de l'Espagne par une frontière naturelle de quatre cent trente kilomètres et partage entre ces deux pays deux peuples très anciens, qui y ont mûri leur évolution historique et que le même lait a nourris : le Pays basque, qui s'ouvre sur le Golfe de Gascogne, et la Catalogne, qui s'ouvre sur le golfe du Lion.

Du point de vue géologique, ces jeunes montagnes de plus de soixante millions d'années s'étendent en longueur plus qu'en largeur et portent en elles les souvenirs de toute l'évolution de l'humanité, depuis la préhistoire jusqu'aujourd'hui. Avec sa richesse naturelle et les villes médiévales entourées de murailles,

---

4. Le lac de Manyas, à deux cents kilomètres au sud-ouest d'Istanbul, sur la rive d'Asie de la Marmara, était un beau refuge naturel pour les oiseaux migrateurs et aquatiques, surnommé le Paradis des oiseaux. Hélas, malgré les protestations des écologistes, il n'est plus ce qu'il était...

semblables à des nids d'aigle, c'est un des plissements les plus beaux et les plus évolués du globe terrestre.

Les légendes racontées au coin du feu, les soirs de neige, dans ces villes médiévales gémissant sous le vent des collines, content qu'Hercule a donné le nom de Pyrénées en souvenir de son amour pour Pyrènè, la fée des eaux, fille du roi de Narbonne. Aujourd'hui encore, près de la haute vallée de l'Ariège, dans la grotte de Lombrives (une des plus grandes d'Europe), on peut, pour quelques francs, voir le fauteuil de pierre d'Hercule, avec le tombeau de Pyrènè, et rêver à son gré.

La partie montagneuse nommée Midi-Pyrénées inclut le Pays d'Oc[5],qui parlait alors sa propre langue, l'occitan. A la fin des sanglantes guerres cathares, qui ont duré quarante ans, il s'est soumis à la domination des barons du Nord, c'est-à-dire aux lois du roi à Paris. Toulouse, capitale historique de l'Occitanie, l'actuel Languedoc, est aujourd'hui une des régions les plus dynamiques de France. On l'appelle la Ville rose en raison de tous ses anciens bâtiments en brique. C'est une capitale provinciale, centre de haute technologie, où, à côté du montage des avions Airbus, et de la production des véhicules spatiaux comme les fusées Ariane, sont produits des appareils nucléaires utilisés dans l'industrie et en médecine. Ce haut niveau est atteint depuis longtemps. Dès le Moyen Âge, le comté de Toulouse attirait la richesse et les arts. Le même témoignage est valable aussi pour Montpellier, seconde ville importante d'Occitanie. Tout comme la Montpellier d'aujourd'hui attire les regards par son architecture, sa faculté de médecine et ses festivals culturels, la ville, il y a sept cents ans, était en avance sur son temps avec cette même faculté de médecine et ses portes ouvertes aux

---

5. Rappelons que OC veut dire oui, contre OIL (devenu plus tard oui) dans le nord de la France. Occitanie (c'est un néologisme) signifie le pays d'Oc.

savants et artistes venus des quatre coins du monde, depuis les Arabes jusqu'aux Juifs.

Au XIIe siècle, l'appel de paix des premiers cathares a retenti dans les vignes qui s'étendent de Montpellier à Toulouse. Dans les villes fortes, qui étaient toutes des seigneuries indépendantes, on chantait toute la nuit, on déclamait des poésies. Les cathares trouvèrent de nombreux partisans parmi ces seigneurs. Quand les cathares rompirent avec Rome et que l'armée de deux cent mille hommes des barons du Nord se lança sur eux à bride abattue, ils se réfugièrent d'abord dans ces forteresses des seigneuries, puis, quand la plaine d'Oc tomba, dans les nids d'aigle des cimes nuageuses des Pyrénées. Les seigneurs de la région s'enthousiasmèrent pour la nouvelle croyance. Même ceux qui ne s'y convertirent pas défendirent ces compagnons de la paix qui ne portaient pas d'armes, et versèrent leur sang pour eux, car c'était leur peuple. La guerre, qui dura un demi-siècle, vainquit à la fin les cathares, et avec eux ces seigneurs, ces nobles féodaux.

La citadelle de Béziers tomba la première sous les fers des chevaux des barons du Nord.

La religion cathare, qui avait trouvé des milliers de partisans dans la région de l'Occitanie au XIIᵉ siècle, s'inspire en partie du manichéisme, répandu par l'iranien Manès au IIIᵉ siècle. Le catharisme peut être résumé comme une synthèse entre christianisme et manichéisme, fondée sur l'équilibre des forces opposées de l'ensemble du Bien et du Mal.

Manès (en grec), ou Mani (en persan), fondateur du manichéisme, naquit, selon les sources turques, à Mardin (Turquie du sud-est), ou, selon les sources occidentales, à Ctésiphon, dans les parages de Bagdad, le 8 avril 527 selon le calendrier séleucide, soit selon notre calendrier le 14 avril 216. Influencé sans doute par les sectes gnostiques, il fit de longs voyages missionnaires en Asie centrale et en Inde, recruta des milliers de disciples d'origine mazdéenne, bouddhiste ou chrétienne, rentra en Perse et mourut entre 274 et 277. Le souverain persan Chahpour Behram le fit décapiter. Son corps fut dépouillé et sa peau gonflée comme une baudruche que pendant des semaines on laissa flotter au vent.

Le manichéisme se fonde sur la théorie de l'opposition égale du Bien et du Mal. À un fond chrétien, il joint des éléments empruntés à Zarathoustra et au Bouddha. La religion créée par Zarathoustra (600 ans avant J. C.), le mazdéisme, était déjà une religion dualiste. Manès enseigne la coexistence et la lutte perpétuelle de deux principes : l'un bon, symbolisé par la lumière ; l'autre mauvais, figuré par les ténèbres et identique à la matière. Une guerre acharnée éclata entre ces deux principes le jour où la matière, ayant subi le rayonnement de la lumière, voulut s'élever jusqu'à elle. Pour résister à ses efforts, le dieu bon créa l'homme primitif ; mais ce dernier, vaincu par les puissances ténébreuses, fut emprisonné par elles dans la matière ; le dieu mauvais créa l'homme actuel. L'humanité, qui est née de lui, ne peut être affranchie que par la connaissance de la vraie science. Le salut doit passer par l'infusion d'une connaissance illuminante. Cette conception dualiste, cette lutte entre ces deux principes se retrouve chez les cathares, et bien ailleurs aussi, par exemple en Chine avec le yin et le yang, et beaucoup plus tard chez les francs-maçons, dont le thème de la lutte de la lumière et de l'obscurité, de la connaissance et de l'ignorance, inspira Mozart (lui-même franc-maçon) dans son opéra *La Flûte enchantée*...

Les manichéens étaient divisés en deux classes : les auditeurs, ou néophytes, et les élus. Les communautés étaient très unies entre elles. La prière, le jeûne, les chants constituaient tout le culte. L'organisation cathare lui ressemble.

En dehors de l'Iran, le manichéisme se répandit, malgré des persécutions, en Italie, en Gaule, en Espagne et en Afrique du Nord. Le manichéisme avait un instant séduit le jeune tunisien qu'était le futur saint Augustin, qui le réfuta ensuite. À l'est, il devint religion officielle des Turcs ouïgours pendant le règne de Boukou Khan, qui avait accepté cette religion en 763, et exerça une vive influence sur les Turcs d'Asie centrale et sur le Turkestan chinois. Les inscription de l'Orkhon, datant du VIIIe siècle et découvertes en 1889 en Asie centrale aux environs de l'ancienne Karakorum, sont le monument le plus ancien de la langue turque. Ce sont des stèles funéraires, écrites en caractères turcs dits « runiformes » à la mémoire du prince Gültekin et de son frère Bilge Kagan, qui donnent des indications précieuses sur la vie religieuse des Turcs d'alors et sur leur adoption de règles de vie inspirées du manichéisme (comme l'interdiction de manger de la viande). Avant leur conversion (tardive) à l'Islam, les Turcs, d'abord chamanistes, furent bouddhistes, chrétiens nestoriens ou manichéens.

Après la disparition du royaume ouïgour en 840 sous les coups des Kirghizes, et bien que le manichéisme eût été préservé dans le Turkestan chinois, il changea de forme et poursuivit son existence sous divers noms.

En Europe, la doctrine dite des bogomiles ou cathares, forme du manichéisme en pays chrétien, apparut dans une période qui s'étend du Xe au XVe siècle, d'abord en Anatolie de l'ouest et dans les Balkans, puis en Italie, en Champagne, en Flandre, en Angleterre, en Allemagne et jusqu'aux Pyrénées et en Catalogne.

Pour adhérer au catharisme, il n'y avait aucune condition ni obligation, en dehors d'être majeur pour pouvoir faire un libre choix ; la nouvelle religion refusait tous les devoirs et obligations que l'Église catholique, seule maîtresse alors de la religion, imposait à ses croyants. Les croyants qui adhéraient au catharisme étaient libres de leur attitude et de leur mode de vie, mais les personnes chargées du service de la religion, appelées les purs, ou parfaits, qui avaient la charge de propager la foi, devaient mener une vie qui nécessitait de grands sacrifices et une volonté de fer. Le citoyen cathare, à son gré, mangeait, buvait, épousait la femme qu'il aimait, faisait des enfants ; les parfaits, appelés aussi les bons hommes, étaient des hommes et des femmes qui s'abstenaient totalement de relations sexuelles, n'avaient jamais recours à la force pour quelque motif que ce soit, et ne mangeaient pas de viande. Nous disons des hommes et des femmes, parce qu'une des grandes caractéristiques qui distinguait le catharisme des autres religions était que, pour la première fois dans l'histoire, les deux sexes pouvaient être au service de la religion à des conditions égales. Lors d'un colloque entre cathares et catholiques, une grande dame cathare, Esclarmonde de Foix, s'attira d'un légat du pape cette verte réplique : « *Allez donc filer la quenouille, Madame, il ne vous sied point d'intervenir dans de telles discussions* ». Même dans la France et la Turquie aujourd'hui, à la veille de l'an 2000, les femmes, malgré leur droit de vote, sont largement exclues de la politique. Ce furent des femmes qui tuèrent Simon de Montfort, le chef des croisés.

La doctrine cathare était opposée à la peine de mort et obligeait celui de ses membres qui avait commis un crime de sang à passer le reste de sa vie parmi les parfaits. Ceux qui de leur plein gré n'acceptaient pas ces conditions, ou qui y renonçaient, pouvaient sortir de la communauté en hommes parfaitement libres. Il est étrange que ceux qui quittèrent cette « secte », qui en Occitanie pendant quarante ans a subi toutes sortes de pressions, de brutalités et de tortures, purent se compter sur les doigts de la main.

Le peuple d'Occitanie aimait beaucoup ces parfaits, aux cheveux longs, qui circulaient dans les châteaux et forteresses par groupes de deux et promettaient aux hommes un bien et une justice infinis, et dont la pâleur due à l'abstinence de nourriture, se joignant à une force de foi terrible, émaciait leur visage.

En opposition à la nouvelle religion, la situation de l'Église catholique était un sujet de scandale. De trop nombreux membres du clergé catholique romain, au lieu d'accomplir leurs devoirs envers leurs fidèles, qu'ils chargeaient de péchés et d'interdictions, ne pensaient qu'à s'enrichir avec l'argent qu'ils extorquaient du peuple et à accroître leur puissance. Au contraire, la religion cathare refusait l'ensemble des devoirs que l'Église catholique imposait à ses croyants, et avait proclamé les prêtres « pécheurs et malpropres ». La nouvelle foi rejetait la propriété privée, refusait les taxes payées à l'Église catholique et avait réuni des partisans dans toutes les classes de la société. C'est pourquoi la doctrine cathare constituait une menace contre l'Église catholique, et aussi contre tout l'ordre féodal. La papauté passa aux actes pour défendre son existence. En 1207, l'Église catholique excommunia le comte de Toulouse Raimond VI, qui refusait de prendre des mesures contre le peuple acquis à la religion cathare. Le pape Innocent III appela les seigneurs du nord de la France, liés au roi, à une croisade pour envoyer une armée sur l'Occitanie. Les croisés, sous le commandement d'Arnaud Amaury (abbé de Citeaux), assiégèrent la forteresse de Béziers le 12 juillet 1209. Quand les seigneurs et le peuple de Béziers annoncèrent qu'ils ne livreraient pas les cathares aux armées des croisés, une attaque commença sur la ville, *afin de ne pas en laisser pierre sur pierre*. Le 22 juillet, la forteresse de Béziers tomba. Les habitants de la ville survivants, juifs, catholiques et cathares, tous sans armes, s'étaient réfugiés avec femmes et enfants dans la cathédrale. Les seigneurs du Nord, devant ce tableau pitoyable, ne voulaient pas faire couler le sang inutilement, et demandèrent à leur chef comment Dieu trierait les siens des « hérétiques » cathares. Arnaud Amaury donna, dit-on, cet ordre terrible, passé depuis dans l'histoire : « *Tuez-les tous, Dieu reconnaîtra les siens* ».

Ce jour-là, au nom d'un dieu assoiffé de sang, vingt mille personnes périrent sous l'épée des chevaliers entrés à cheval dans la maison de Dieu. C'est ainsi que commença la période de l'Inquisition en Occitanie, qui devait durer quarante ans.

LES PREMIERS VRAIS ENNEMIS DE LA PROPRIÉTÉ
DANS L'HISTOIRE, DE L'ANATOLIE À L'ANGLETERRE

Cette véritable religion, sous le nom de catharisme en France, de patarinisme en Italie, de bogomilisme dans les Balkans et en Macédoine, s'appuie sur l'opposition des forces du Bien et du Mal, s'est répandue du Xe au XVe siècle de l'Anatolie de l'Ouest jusqu'en Angleterre, et était porteuse d'un message universel. Bien que sa base eût trouvé modèle dans la doctrine de la dualité de Manès, son originalité empêche de montrer la Perse comme son unique lieu d'origine. On y retrouve ainsi les thèmes des anciennes gnoses telles qu'elles se présentaient chez Basilide et Valérien et telles que, de temps à autre, elles surgirent sous des revêtements divers au cours de l'histoire.

La continuité entre manichéisme et bogomilisme est largement due aux pauliciens, répandus dans l'Empire byzantin. Les pauliciens étaient une secte religieuse orientale dualiste, qui formait une des principales branches du manichéisme ; créée au IIIe siècle par Paul de Samosate (Samosate, aujourd'hui Samsat, est en Anatolie orientale), elle avait été réorganisée au huitième. Leur doctrine est toujours identique : opposition à l'Église officielle, refus des trois sacrements (baptême, eucharistie et mariage), des temples et des images, en particulier de la vénération de la croix. Optant pour l'Evangile et refusant l'Ancien Testament, le dualisme, inhérent à toute gnose, est absolu ou mitigé. Toujours jugée mauvaise, la création est l'œuvre d'un Dieu obscur à laquelle ne saurait participer le Dieu bon.

Les pauliciens, en partie d'origine arménienne, habitaient l'Asie mineure, sur la frontière orientale de l'empire, et défendaient leurs doctrines d'une façon intransigeante ; c'étaient aussi d'excellents soldats, qui créèrent des difficultés sérieuses au gouvernement byzantin. Un des moyens préférés du gouvernement byzantin était le transfert des habitants d'une région dans une autre : par exemple, des slaves en Asie mineure et des arméniens dans la Péninsule balkanique. Le même sort fut subi par les pauliciens, qui furent transplantés en grand nombre au VIIIe siècle de la frontière orientale en Thrace, par Constantin V Copronyme, et au Xe siècle par Jean Tzimiscès (d'origine arménienne, d'abord général en chef, puis empereur de 969 à 976). La ville de Philippopolis, dans la péninsule balkanique, aujourd'hui Plovdiv, en Bulgarie, devint le centre des pauliciens.

Tzimiscès, par cette installation d'une colonie orientale dans les environs de cette ville, avait réussi à éloigner ces sectaires opiniâtres de leurs villes et forteresses de la frontière de l'est, où il était difficile de lutter contre eux ; d'autre part, il comptait que les pauliciens opposeraient en Thrace un rempart sérieux aux invasions fréquentes des barbares nordiques, les « scythes ». Au Xe siècle, le paulicianisme se répandit en Bulgarie, grâce à l'action du régénérateur de cette doctrine, le pope Bogomil. Rappelons que les limites géographiques de la Bulgarie ont considérablement varié au cours des siècles : au début du XIIIe

siècle, elle s'étendait du Dniestr à l'Adriatique, à travers les Balkans. Sous les coups des Byzantins, puis des Turcs, elle disparut jusqu'en 1878.

Le foyer le plus ancien où le bogomilisme est apparu est, soit Philadelphia (Alaşehir, Anatolie de l'ouest), soit Plovdiv. On ne sait pas exactement s'il est passé de Bulgarie en Anatolie, ou de Philadelphia à Plovdiv. Les données historiques indiquent que le pope Bogomil répandit cette nouvelle foi dans les Balkans après 950. Ce nom de Bogomil, qui en grec se traduit à peu près par Théophile (Ami de Dieu – Amadeus en latin), est-il le vrai nom de ce pope qui dans l'histoire a parlé pour la première fois de cette religion, ou est-ce un surnom donné comme chef de l'Église des Amis de Dieu ? Nous n'en savons rien.

Les conditions économiques et sociales facilitèrent l'extension de la doctrine bogomile en Bulgarie. La classe paysanne, souvent exploitée par la noblesse et le haut clergé, s'insurgeait contre le luxe, la débauche et les privilèges de ceux qui les gouvernaient. Très vite, la masse des adhérents bogomiles oublia les principes fondamentaux de sa foi. Deux catégories de fidèles se distinguaient : d'un côté les théoriciens, de l'autre les disciples, souvent infidèles à leur religion. Les premiers étaient d'anciens prêtres qui avaient quitté leur Église afin de mener une existence plus austère. Leur désir de pauvreté et de pénitence les conduisait à opter pour un ascétisme plus rigoureux. Théologiens, ils présentaient une doctrine cohérente comprenant une cosmologie et une eschatologie. Peu nombreux, ils ne se livraient à aucun travail manuel et demeuraient chez leurs disciples. Leur prédication fervente leur assura des adeptes. En dehors de ces parfaits, irréprochables dans leurs mœurs, se présentaient les auditeurs, animés par leurs revendications économiques plus que par des principes religieux. Leur vie n'était pas rigoureuse et leur désordre accrédita les jugements de leurs adversaires. Le concile de Tornova (1211) contre les bogomiles, considérés comme hérétiques, fut suggestif à cet égard. Si les parfaits refusaient de répandre le sang, même pour se défendre, les adhérents bogomiles n'hésitaient pas à tuer pour s'emparer du bien de ceux qu'ils considéraient comme leurs persécuteurs. Soutenue par le pouvoir temporel, l'Église persécuta, quant à elle, ceux qu'elle jugeait hérétiques. Les bogomiles se maintiendront durant cinq siècles. Au XIIIe siècle, après une période d'indépendance, le peuple bulgare subit la domination de Byzance, et cette situation favorisa le développement des bogomiles qui s'élevaient à la fois contre l'Église et la domination étrangère.

La doctrine bogomile se répandit de Bulgarie dans les Balkans, en Macédoine occidentale, dans la presqu'île de Morée, au Péloponnèse, au Mont Athos, en Dalmatie, en Bosnie, en Herzégovine et dans la région de l'Égée, elle s'infiltra à Constantinople (encore grecque) et en Russie, et passa en Europe occidentale par l'Italie, où les adeptes de cette doctrine dualiste orientale portèrent des noms différents : patarins en Italie, cathari en Allemagne et en Italie, poblicains (c'est-à-dire pauliciens) et albigeois en France, etc.

Au XIIe siècle, Koulin, voïvode (gouverneur) de Bosnie proclama la doctrine bogomile religion officielle. Même une croisade lancée par le pape et commandée par le roi de Hongrie ne put venir à bout de cette religion « égarée » dans la région. En Bosnie, on donnait aux bogomiles le nom de « gazari » [6]. La religion bogomile ne disparut définitivement des Balkans et de la Dalmatie qu'après la conquête turque, qui s'est achevée en 1481. Le fait que la doctrine cathare avait précédemment déjà ébranlé la foi chrétienne des populations locales explique (en partie) que les Ottomans aient pu répandre facilement une nouvelle religion dans la région. Il semble qu'en Bosnie, les gens des villes et des plaines acceptèrent généralement le bogomilisme, et se convertirent ensuite spontanément à l'Islam[7], alors que ceux restés dans les montagnes conservèrent leur foi chrétienne. Ces derniers sont aujourd'hui les Serbes de Bosnie. Le bogomilisme fonctionna en direction des deux religions et, pendant deux cents ans, agita aussi la religion musulmane qui s'efforçait de se propager, souvent à l'aide de sectes menées par des derviches (moines mendiants). Diverses sectes musulmanes, soufistes ou apparentées parfois à des sectes chiites ou ismaélites, comme les batiniens (qui cherchaient un sens caché dans les textes sacrés) séduisirent les populations des Balkans et de Macédoine à la suite de l'enseignement de Sarı Saltuk, installé dans la région dans la seconde moitié du XIIe siècle (nous en reparlerons plus loin). L'enseignement de ces sectes était gravé dans la mémoire collective lorsque Cheikh Bedreddin se réfugia dans la forêt de la

---

6. *GAZARI (déformation locale du mot cathare)* : dans la publication N° 20 des « Cahiers de Fanjeaux », qui étudie l'effacement ou la conversion du catharisme et des cathares aux XIIIe et XIVe siècles, un chercheur yougoslave du nom de Franjo SANJEC, qui étudiait la continuation de la secte cathare-bogomile dans l'Église de Bosnie, mentionne dans son étude les premiers registres fiscaux ottomans, que Tayyib Okiç, professeur à l'Université d'Ankara a publiés pour la première fois en 1960. Tayyib Okiç soutient qu'il y avait une continuité entre les chrétiens nommés sur ces registres et l'Église de Bosnie. Mais son point de vue ne paraît pas pouvoir être retenu avec certitude par Franjo SANJEC parce qu'il ne s'appuie pas sur des données scientifiques suffisantes. Sans que ce soit directement une question au sujet du lien entre Cheikh Bedreddin et le catharisme, qui est notre sujet, nous saluons ici les efforts, qu'il ait raison ou non, de Tayyib Okiç, qui approche l'histoire des Balkans sous un angle intéressant.

---

7. Les Turcs, lors de leurs conquêtes, n'ont généralement pas obligé les populations à se convertir à l'Islam. Mais le statut juridique, administratif, fiscal, etc., des uns et des autres pouvait être différent. La politique brutale de conversions forcées, pratiquée par les Espagnols en Amérique du Sud, par exemple, est à l'opposé. Pourtant les conversions à l'Islam furent nombreuses, pour des raisons politiques, économiques ou culturelles. Les Turcs n'imposèrent pas non plus leur langue, sauf dans l'administration.

Dobroudja : cela montre, en pays musulman, la dimension de la brèche ouverte dans le mur des dogmes de base sur lesquels s'appuient deux des grandes religions issues d'Abraham, le Christianisme et l'Islam.

Quant au mouvement de Cheikh Bedreddin, il est l'ultime anneau et l'aboutissement de cette doctrine opposée aux ordres établis, qu'on l'appelle bogomilisme ou catharisme, qui ne veut pas de la propriété privée, ne croit ni au paradis ni à l'enfer, refuse de nourrir ceux qui ne travaillent pas et abolit l'esclavage. Bedreddin, qui était d'abord un mystique soufi, ne reprit pas clairement le dualisme manichéen ni la division des fidèles en parfaits et croyants, rejeta certains côtés des doctrines cathares ou bogomiles, qui provenaient d'interprétations des doctrines chrétiennes et manichéennes, et, partant de principes basés sur l'égalité de l'économie et la liberté, et en large partie sur l'Islam, a développé une interprétation que lui-même a adaptée à la doctrine et à laquelle il a donné une forme religieuse. Un trait dominant du soufisme, doctrine multiforme, est de mener les disciples à une communion directe avec Dieu. Le soufisme, c'est la liberté de l'âme. Les soufis menaient une vie pauvre, marquée par leur vêtement de simple laine (souf veut dire laine en arabe).

C'est une symphonie, jouée en Europe occidentale sous la direction d'un chef d'orchestre d'origine chrétienne, écrite sur la fraternité humaine et sur l'égalité des parts, et en Europe orientale, sous la direction d'un maître chef d'orchestre venant de l'Islam. Les interprétations sont différentes, mais la partition est la même. Elle s'est heurtée au mur de la même incompréhension, du même conservatisme, et a été détruite.

Le fait que la doctrine de Bedreddin est intimement mêlée à la doctrine cathare-bogomile est d'abord une réalité géographique. Il suffit de jeter un regard sur les lieux où elle est née, où elle a grandi et où elle a été influente.

Cheikh Bedreddin vint au monde, selon certaines sources, en 1358, selon d'autres en 1365 ou 1371, dans la forteresse de Semaven, qui était sur une ligne Yambol – Stara Zagora – Kazanlik, aujourd'hui en Bulgarie, région alors fraîchement conquise par les Turcs. Dès les années 1350 – 1370, les Turcs, déjà maîtres d'une grande partie de l'Anatolie, avaient franchi les Dardanelles et conquis une grande partie des Balkans ; Istanbul résista encore un siècle et tomba en 1453. Semaven est au centre de la région où depuis le Xe siècle la doctrine bogomile avait été influente. Mais la première raison pour laquelle le lien avec Bedreddin échappa à beaucoup de chercheurs et spécialistes occidentaux, qui étudièrent amplement la religion cathare-bogomile, est très probablement parce que le lieu de naissance de Bedreddin passe, dans les sources occidentales[8] (Joseph von Hammer par exemple), pour être Simav, localité des environs de Kutahya (Anatolie de l'Ouest) et non Semaven. Il est assez difficile de connaître sans erreur, au cours de l'histoire, les transcriptions des noms géographiques, en turc et dans les langues européennes. La ville bulgare de Plovdiv s'appelle aussi Filibe (en turc), ou Philippopolis (en grec) ; la ville turque d'Edirne est Andrinople (en français) ou Hadrianopolis (en grec), et ainsi de suite jusqu'au dernier village des Balkans. Or la plupart des savants occidentaux, qui n'ont commencé à étudier sur une large échelle les cathares qu'au cours du XXe siècle, ne savaient pas lire le turc ancien ; ceux qui le savaient songeaient plus à étudier les anciens registres fiscaux[9] que les événements historiques ottomans, et ainsi apparaît la raison pour laquelle Cheikh Bedreddin n'a pas été étudié de façon approfondie sur une plate-forme internationale.

Les Ottomans conquirent Simav après 1381, ce qui ferait naître Bedreddin après cette date. Bedreddin (mort en 1417 ou 1420) aurait alors vécu moins de quarante ans. Or on sait qu'il enseigna en Égypte vers 1395, eut de longues conversations avec Tamerlan à Tabriz vers 1403, et fut juge militaire suprême vers 1410. C'est pourquoi une tradition turque qui le fait naître à

---

8. À l'exception, entre autres, de Stanford Shaw, dans son Histoire de l'empire ottoman et de la Turquie, et de Nicolas Vattin, au chapitre de l'époque 1362 – 1451 dans l'Histoire de l'Empire ottoman, publiée récemment sous la direction de Robert Mantran.

---

9. De nombreux anciens registres fiscaux turcs, très bien tenus ont été conservés et donnent de précieuses indications sur la propriété des terres, la richesse des différentes populations (d'après les noms musulmans, chrétiens ou juifs des contribuables), et l'économie de certaines régions, mais rien évidemment sur les questions ici traitées

Semaven vers 1358 est plus vraisemblable. Semaven a été conquise trois ans avant Edirne (Andrinople), qui le fut en 1360. Le père de Bedreddin, Isra'il, arrière petit-fils du souverain seldjouk Izzeddin Kaykavus II (qui régna de 1246 à 1261 et mourut en 1278), commandait les troupes qui prirent la forteresse de Semaven et y fut nommé juge (cadi). Sa mère, Melek Hanoum, était une noble grecque, fille du gouverneur byzantin de Semaven et convertie à l'Islam (puisque Melek veut dire Ange, peut-on supposer que son nom grec était Angélique ?). Bedreddin fit ainsi ses études en prenant des leçons de grands professeurs (hodjas) à Edirne, devenue la capitale européenne de l'Empire ottoman, et à Konya. Naturellement, le but de notre recherche est de rechercher, dans la même région, la parenté de la doctrine de Bedreddin avec des croyances antérieures qui paraissent différentes des siennes. Même s'il est né à Simav, cette ville n'est qu'à cent kilomètres d'Alaşehir, autre centre ancien du bogomilisme.

Le lien de Cheikh Bedreddin avec la doctrine cathare-bogomile ne s'arrête évidemment pas à son lieu de naissance. Le père de Bedreddin, Isra'il, était une personne éclairée qui s'efforça de donner à son fils une bonne instruction. Après Edirne et Konya, Bedreddin, afin de poursuivre sa formation, visita l'Égypte, la Mecque, et la Syrie. Il passa en Anatolie et au retour continua ses voyages d'études en passant par Van et Bitlis (Turquie de l'est). Au cours de ses voyages, il eut à Tabriz des entretiens avec Tamerlan, conquérant de toute l'Asie jusqu'à l'ouest d'Ankara et vainqueur en 1402 à Ankara du sultan ottoman Beyazid Ier, qui mourut en captivité. Bedreddin fut influencé aussi par le penseur Muhiddin al-Arabi (né à Murcie, en Espagne, en 1165, mort à Damas en 1240), qui fit de longs séjours alors en Anatolie seldjoukide. Tous ces pays du Proche Orient qu'il visita sont ceux où quelques siècles plus tôt le manichéisme avait été très répandu. Et Manès, le prophète de cette religion, laissa derrière lui de nombreux écrits, à la différence de tous les autres prophètes (Moïse, Jésus, Mahomet...), qui n'ont rien écrit eux-mêmes. Il est donc le père d'une doctrine sur laquelle les générations de penseurs qui sont venus après lui savent beaucoup de choses, ont beaucoup réfléchi, ont beaucoup écrit. Nous ne prétendons nullement que le Cheikh est allé là pour étudier la religion de Manès. Une telle affirmation n'est pas admissible. Mais on sait bien que les penseurs arabes étudièrent beaucoup les doctrines et les philosophies qui les avaient précédés ; c'est largement grâce à eux, par exemple, que l'enseignement de la philosophie grecque (Aristote entre autres) nous a été transmis. Il est impossible qu'un savant comme Cheikh Bedreddin, qui visita ces pays, non en touriste, mais en intellectuel chercheur, n'ait pas entendu parler de la doctrine de Manès, sur laquelle s'appuie la religion cathare-bogomile, ou n'ait pas été plus ou moins directement influencé par elle. De plus, dans ces pays d'Orient, après Manès et l'arrivée de l'Islam, d'innombrables sectes musulmanes agitèrent les esprits, tels les Ismaéliens ou les Batiniens de Hassan Sabbah, dont les idées se répandirent en Anatolie et dans les Balkans.

En 1405, trois mois après le retour de Bedreddin du Proche Orient au Caire, le cheikh Ahlatli, dont il avait été l'élève, mourut et lui laissa ses disciples et son couvent. Cheikh Bedreddin ne désirait nullement cette succession. Il espérait plutôt profiter des désordres nés des coups que Tamerlan avait assénés à l'Empire ottoman, et des règlements de compte entre féodaux qui surgissaient en Anatolie de l'ouest, pour répandre la doctrine qu'il avait mûrie en son for intérieur. Il quitta l'Égypte, passa d'abord à Konya, puis dans la région de l'Égée, et tâta discrètement le terrain. Ces terres où prospéra la religion cathare-bogomile étaient un sol favorable, après deux cents ans d'intervalle, pour la doctrine que Bedreddin avait lui-même développée. D'ailleurs la suite de l'épopée de Bedreddin et sa fin sont étroitement liées à la région de l'Égée et à la Bulgarie.

10. *Cadilesker* : ancienne transcription française (dictionnaire Littré, etc.), de kazasker, juge militaire suprême.

Cheikh Bedreddin, convaincu qu'il réussirait dans le secteur de l'Égée, passa d'Izmir à Edirne (Andrinople), capitale européenne de l'Empire ottoman (l'autre étant Bursa, en Anatolie de l'ouest). Musa Çelebi, un des fils de Beyazid I[er][11], fit de lui un des très grands personnages de l'État en le nommant Cadilesker (juge militaire suprême, et aussi chef religieux). Pendant la vacance du pouvoir due à la capture et au décès de son père Beyazid Ier, Musa se déclara sultan, fit frapper des monnaies à son nom, et fit des efforts pour regrouper les masses, en nommant chef de la justice et des affaires religieuses le philosophe mystique et juriste renommé qu'était Bedreddin-i-Simavni. C'était une personnalité controversée, son enseignement était considéré comme hérétique par les Musulmans sunnites conservateurs. Mais il attira à lui un grand nombre d'adeptes parmi les gens du peuple, artisans, pêcheurs, paysans chrétiens, juifs ou musulmans. Sa doctrine amenait une division équitable de tous les biens et voulait mettre fin aux différences religieuses entre les habitants du pays. Elle devint officielle sous le règne de Musa.

Pendant la période où il fut Cadilesker, Bedreddin réussit assez bien à répandre son enseignement et à organiser ses disciples, en profitant de la crise politique dans laquelle tout l'état ottoman était tombé du fait de la gestion de Musa Çelebi, ou plus exactement du fait de Tamerlan. Mais Mehmed Çelebi, le plus jeune fils de Beyazid et futur Mehmed Ier (et père de Mehmed le Conquérant), après avoir

---

11. Beyazid Ier (surnommé Yıldırım, la Foudre) avait été vaincu et fait prisonnier par Tamerlan à Ankara en 1402 ; il ne survécut pas à son déshonneur. De graves désordres s'ensuivirent dans l'Empire ottoman naissant (qui avait déjà conquis presque toute l'Anatolie et une partie des Balkans, mais pas Constantinople) avec une guerre de succession entre les quatre enfants de Beyazid (Mehmet, Suleyman, Musa et Isa, c'est-à-dire, en français, Mahomet, Salomon, Moïse et Jésus). Mehmet l'emporta.

pris Edirne (Andrinople) sur son frère Musa, s'aperçut que Bedreddin préparait secrètement une révolution. Les masses chrétiennes et musulmanes, éprouvées par la campagne de Tamerlan, se débattaient dans la misère et se raccrochèrent naturellement à un sauveur. La popularité du cheikh était si forte qu'après sa victoire sur Musa en 1413, Sultan Mehmed Çelebi se contenta d'exiler Bedreddin à Iznik[12], où il continua son enseignement. Très vite alors, un de ses disciples, nommé Börklüce Mustafa, qui avait été son intendant lorsqu'il était Cadilesker, et un autre du nom de Torlak Hokmal ou Hubbeddin Kemal (juif d'origine), se révoltèrent ouvertement dans la région de Manisa (anciennement Magnésie, près d'Izmir).

De Bursa, d'Aydın, de Konya et d'Alaşehir des milliers d'hommes se réunirent sous le commandement de Torlak Kemal et de Börklüce Mustafa, que le peuple avait nommé *Dedesultan* (Sultan patriarche). Parmi les adeptes de la nouvelle foi, il y avait même des moines grecs de l'île de Samos !

Rattacher, peu ou prou, à l'influence cathare-bogomile l'enthousiasme des populations non musulmanes envers la doctrine de Bedreddin, qui s'était répandue à partir d'Alaşehir (ou Philadelphia, à 130 kilomètres à l'est d'Izmir), ville qui jusqu'en 1379 était restée fidèle à Byzance et avait résisté aux assauts turcs, le fait aussi que des deux chefs de la révolution l'un, Torlak Kemal, était probablement juif d'origine, le fait enfin que la doctrine ait eu un tel succès dans la région de l'Égée chez les non musulmans comme chez les musulmans, a une certaine logique de continuité.

---

12. *Iznik* est le nom turc de l'ancienne Nicée, petite ville encore entourée de superbes murailles byzantines, sur un joli lac à 150 kilomètres au sud est d'Istanbul, côté Asie. Elle a été capitale de l'Empire byzantin de 1204 à 1261, pendant que les Croisés occupaient Constantinople

Après que Cheikh Bedreddin eut commencé à répandre sa foi, chaque région qu'il gagna correspondait aux anciennes régions bogomiles : et lui-même, après deux révoltes surgies en Égée, s'enfuit de son exil d'Iznik (Nicée) et où se réfugia-t-il, après s'être embarqué à Sinop et avoir navigué en Mer Noire ? En Bulgarie, dans la région des forêts de la Dobroudja. Se confiant à quoi ? À ce que la région avait vécu avant lui, à ce qu'elle avait déjà cherché une alternative à une religion autoritaire et centralisée. Bedreddin portait l'espoir de pouvoir être un nouveau Sarı Saltuk.

Au siècle précédent, au moment de l'effondrement des Seldjouks sous les coups des Mongols et en raison de luttes internes entre divers clans seldjouks, le sultan seldjouk Izzeddin Kaykavus II s'était réfugié à Byzance, après qu'en 1263 l'empereur byzantin Michel VII Paléologue eut reconquis Constantinople pillée par les Croisés. Certains turcs et turcomans se réfugièrent, comme leur sultan, dans l'Empire byzantin, particulièrement dans les forêts de la Dobroudja, appelées en turc Deli Orman, la Forêt folle, alors une sorte *no man's land* entre le royaume turco-mongol de la Horde d'Or, la Bulgarie et l'Empire byzantin. L'empereur les autorisa, car malgré sa faiblesse militaire, il menait une diplomatie active, en liaison avec les Mongols successeurs de Gengis Khan, contre les Turcs seldjouks. En 1258, il avait même envoyé sa fille naturelle Marie Paléologue épouser Hulagu, roi des Mongols. Elle arriva trop tard, car Hulagu mourut pendant le voyage de Marie, mais elle épousa son fils Abaga, qui plus tard devint chrétien. Car Hulagu n'était pas musulman mais chamaniste, et ses troupes comprenaient nombre de turcs chrétiens nestoriens. À la mort d'Abaga, Marie revint à Istanbul et restaura la charmante petite église qui porte encore aujourd'hui son nom, Sainte Marie des Mongols (en turc : *Kanlı Kilise*, l'église sanglante, parce que le sang y coula beaucoup lors de la prise de la ville en 1453), proche du Patriarcat du Phanar et qui reste la seule église byzantine affectée sans discontinuer depuis cette époque au culte chrétien.

Sarı Saltuk Baba[13], mort en 1300, mentionné par l'historien arabe Ibn Battuta, est un soufi légendaire qui aurait conduit un certain nombre de derviches anatoliens en Dobroudja à l'époque d'Izzeddin Kaykavus, leur guide politique, et s'y serait établi avec eux. Turc de Boukhara (comme Ibn Sina, dit Avicenne), de son vrai nom Mehmed Boukharî, il est à peu près contemporain de Hacı Bektaşı Veli, lui aussi derviche venu d'Asie, qui mena son enseignement en Anatolie, fonda l'ordre des Bektachis et dont le tombeau, à 200 kilomètres au sud est d'Ankara, est encore un lieu de pèlerinage vénéré par les chiites de Turquie. Le surnom de Sarı Saltuk pourrait se traduire par l'ascète pâle. Ce saint personnage introduisit l'Islam dans les Balkans. Dans la mémoire collective turque, la geste de Sarı Saltuk reste un peu comme la Chanson de Roland en France et nous est parvenue sous forme de « *Saltuknamés* » écrits les siècles suivants. L'un a été écrit par Ebû'l Hayr-i Rûmi, en 1480 ; un autre par Yazıcıoğlu Ali (sous le titre Selçukname ou Oguzname) entre 1421 et 1451, et un troisième, sous le règne de Mehmed IV, par l'amiral Kenan Pacha, surnommé Topal (le boiteux), décapité en 1659. Baba Daghi, au nord de la Dobroudja, à cent kilomètres au nord de Constantza, est

---

13. *Baba*, en turc et en persan, signifie père, mais aussi père spirituel, comme chez les chrétiens le Saint Père, les Pères de l'Église, etc.

l'endroit présumé de sa tombe. Soliman le Magnifique le visita en 1538. Plusieurs autres endroits dans les Balkans prétendent l'être, car au moment de sa mort, ce saint personnage aurait demandé à son entourage de lui construire plusieurs tombeaux afin de contribuer à propager l'Islam : il y a en six ou sept dans les Balkans, par exemple à Edirne et Babaeski (en Turquie), et le grand voyageur Evliya Çelebi (1611-1682) mentionne un lieu de pèlerinage de Sarı Saltuk près de Patras. En fait, son histoire est si obscure et si légendaire que certains de ces lieux de pèlerinage ont été fréquentés conjointement par les chrétiens et les musulmans. D'ailleurs, les descendants de ces partisans d'Izzeddin Kaykavus existent toujours aux alentours de la Dobroudja, en Roumanie, Bulgarie, Moldavie-Bessarabie et Ukraine : ce sont les Gagaouzes, population de langue turque, aujourd'hui chrétiens orthodoxes, dont le nom vient de Kaykavus[14]... Tous ces détails montrent combien peuples et religions s'entremêlaient.

La majorité des habitants de l'Empire ottoman étaient chrétiens. Cette situation dura jusqu'à la guerre russo-turque de 1877, qui commença le dépeçage de l'empire, et s'acheva, en ce qui concerne la Turquie actuelle, par l'échange de populations décidé par le traité de Lausanne le 24 juillet 1923.

Pour Bedreddin, le choc cathare-bogomile et l'existence déjà ancienne de sectes musulmanes, par leurs dimensions vécues en Islam, étaient une autre facilité. Et il était l'arrière-petit-fils d'Izzeddin Kaykavus...

Dedesultan, qui fut crucifié, et ses compagnons furent écrasés par Sultan Mehmed Çelebi. Quant à Murad, son premier fils héritier, après avoir anéanti les forces de Torlak Kemal, il passa en Thrace et s'empara de Cheikh Bedreddin.

---

14. Encore aujourd'hui, en Anatolie centrale – pays seldjouk – KA se prononce GA.

Bedreddin fut condamné à mort et pendu dans la bourgade de Serrès, en Macédoine (à 80 kilomètres au nord-est de Thessalonique), en 1417 ou plus probablement en 1420. Alors qu'on sait que Manès est né le 14 avril de l'an 216, il est désolant que nous ne sachions pas de façon exacte, non seulement le jour et le mois de la naissance et du décès de Cheikh Bedreddin, figure marquante de l'histoire turque, mais même l'année, et il faut se plaindre de la documentation historique de l'État ottoman ; la question de savoir quels événements les archives de l'État peuvent dater de façon certaine vient à l'esprit.

Quelles que soient ses dates de naissance et de décès, la réalité est qu'il quitta encore jeune ce monde qu'il voulait changer. Il niait l'existence du paradis avec ses jardins, et de l'enfer avec ses supplices, rejetait la Résurrection ou Jugement dernier, soutenait que Mahomet était un prophète comme les autres et proclamait le partage des biens et leur utilisation collective. Pourtant, le Coran, à de multiples reprises, parle sans équivoques du Jugement dernier, du paradis et de l'enfer, et a inspiré Dante dans sa *Divine Comédie*. Selon Bedreddin, de point de vue des croyances, les chrétiens et les juifs étaient égaux aux musulmans.

Plusieurs de ses œuvres sont importantes, comme le Teshil (Facilité) et le Varidat (Inspirations) ; Nazım Hikmet rappelle que Bedreddin rédigeait le Teshil au bord du lac d'Iznik lorsque Börklüce Mustafa et Torlak Kemal vinrent le saluer avant de lancer leur révolte en Égée et qu'il leur donna le manuscrit du Varidat. Cette œuvre principale, Varidat, a pour l'essentiel un caractère mystique soufi et sort du cadre de notre travail et surtout de notre compétence. Mais il y expose, entre autres, sa doctrine de l'égalité des hommes et du sens de la vie humaine. Ses idées sont réalistes et pleines de bon sens. Le monde a été créé pour l'homme. Il écrit que certains hommes, croyant adorer Dieu, adorent d'autres hommes, ou adorent l'or et l'argent, la grandeur et la gloire, ou les biens de ce monde. Il a voulu exprimer l'idée que, plus que le partage des richesses par contrainte, il fallait plutôt l'égalité des hommes par l'extension et la répartition égale du savoir. Selon lui, il fallait établir une éducation de la connaissance qui diminue l'avidité et la concupiscence, pour empêcher les riches d'accumuler continuellement des biens, et les pauvres de demander toujours plus. C'est ce texte et d'autres textes analogues qui ont donné naissance aux idées collectivistes de ses disciples et à sa réputation, plus tard, de précurseur d'un communisme idéal, comme un Lénine à visage humain, imprégné d'amour des hommes, qui aurait été vaincu. La notion de partage des biens n'était pas nouvelle, tant chez les bogomiles que chez certaines anciennes sectes islamiques. Ainsi le Babaïsme (disciples du mystique Baba Ishak), qui influença sans doute Hacı Bektaşı, s'était répandu au début de l'arrivée des Turcs en Anatolie au début du XIIe siècle, avait amené des jacqueries et des révoltes qui couvrirent une grande partie du royaume seldjoukide, de Maraş et Samsat (encore Samsat !) jusqu'à Kayseri, Sivas et Amasya, et proclamait l'égalité entre les hommes et le partage des richesses... Mais Bedreddin, par sa formation, ses études et les hautes fonctions qu'il avait exercées, eut une influence bien plus grande, laissa – comme Manès – une œuvre écrite et formula ses idées de façon cohérente. Toutefois, sa mort prématurée l'empêcha sans doute de parachever et de mieux formuler les bases de ce qui apparaissait déjà comme une nouvelle religion et qui lui valut sa pendaison.

Dans certaines régions de Bulgarie, à une époque encore récente[15], l'influence d'anciennes sectes musulmanes était encore

---

15. Voir l'étude de Thierry ZARCONE, qui se réfère aux travaux de Franz Babinger dans « Schejh Bedreddin, der Sohn des Richters von Simaw » (voir in fine la Bibliographie). Les kızılbaş étaient des membres de sectes assez diverses, qui portaient une coiffure rouge (kızıl baş veut dire tête rouge).

vive, et mêlée à des traditions non-musulmanes. Par exemple, les réunions de certains groupes de « nakşibendi » étaient mixtes. Mieux encore, certains « kızılbaş » de la Dobroudja, autrefois disciples de Bedreddin, s'occupaient d'agriculture, étaient paisibles, buvaient du vin sans souci, ne voilaient pas leurs femmes, et considéraient comme un crime le fait de faire couler le sang...

Tout autant que l'unité des lieux où il a répandu sa foi et donné sa vie, voir que la doctrine de Cheikh Bedreddin est une évolution de la doctrine cathare-bogomile est possible dans le miroir de croyance et de pensée que ces deux courants ont mis en avant et pour lequel ils ont tout sacrifié. Construire ici avec tous ses détails le pont sociologique entre les deux doctrines est lassant et n'est pas de notre compétence. Mais si nous jetons un coup d'œil d'ensemble :

Les deux doctrines étaient contre la propriété privée et soutenaient que toute la richesse obtenue par le travail sur la nature devait être partagée de façon égale. Le pain était un produit du travail et celui qui ne faisait rien par son travail, même s'il était noble, ne pouvait obtenir sa part de pain. Bedreddin disait que la pensée et la foi sont un résultat d'équilibre à l'intérieur de la nature, et qu'elles ne peuvent être imposées de force. Les cathares avaient la même idée et ne considéraient pas les enfants comme ayant une quelconque religion jusqu'à ce qu'ils arrivent à l'âge mûr et choisissent de leur libre volonté une croyance. Les deux doctrines ne croyaient ni au paradis ni à l'enfer, elles qualifiaient de paroles creuses les fantasmes de la résurrection et du jugement dernier, elles ne s'intéressaient pas à la croyance selon laquelle l'homme ressusciterait après la mort.

Toutefois, les cathares croyaient à une certaine réincarnation. Et la formation musulmane de Bedreddin l'a empêché, semble-t-il, d'accepter le dualisme. Autre différence : les cathares avaient donné aux femmes une place importante, inhabituelle dans le monde de l'époque.

Quoiqu'il en soit, les idées de Bedreddin comme la doctrine cathare s'étaient opposées aux hégémonies de toutes les religions qui ne s'appuient pas sur la connaissance, elles refusaient les institutions centralisatrices qui fixent des cadres de vie et oppriment avec des règles imposées d'en haut, depuis l'autorité que les hommes de religion avaient imposée sur la société, jusqu'à la souveraineté de l'État.

Nazım Hikmet fait dire à Bedreddin :

« *Nous abolirons les lois des nations et des sectes...* » (c'est-à-dire les lois civiles et religieuses !)

Certes, la doctrine bogomile-cathare dura plusieurs siècles et s'étendit sur près de la moitié de l'Europe, alors que le mouvement de Bedreddin fut restreint à une zone géographique limitée et anéanti en quelques années.

Mais si nous jaugeons les idées des cathares d'un monde double, inspirées de Manès et tournées vers l'opposition égale du bien et du mal, et leur vision de l'âme, emprisonnée dans le corps, nous pouvons dire que Cheikh Bedreddin est un penseur qui a remédié aux insuffisances de la doctrine cathare et en a éliminé les côtés superflus : c'est un penseur moderne, nous pourrions dire « socialiste » avant son temps.

LA POTENCE OTTOMANE EN ORIENT,
LE BÚCHER DE L'INQUISITION EN OCCIDENT

Bien que l'histoire les ait baptisés cathares, bogomiles, ou patarins[16], eux-mêmes n'avaient pas donné de nom particulier à leur propre secte, ou nouvelle religion. Comme le dit plus tard Cheikh Bedreddin pour sa nouvelle foi, ils pensaient qu'ils étaient une réalité universelle, du fait qu'ils partaient « *pour annuler les lois traditionnelles, les nations et les sectes* » et, en parlant d'eux-mêmes, ils appelaient leurs camarades de combat les Amis de Dieu, traduction littérale de bogomile. En France méridionale, le peuple d'Occitanie leur avait donné le nom de cathare, qui vient du grec Καθαρος et signifie propre, pur. En France du Nord, on les appelait aussi bougres, ou boulgres, c'est-à-dire bulgares ; le mot bougre est aujourd'hui un terme de mépris. Les cathares s'appelaient eux-mêmes chrétiens. Les croyants appelaient volontiers les parfaits « *bons hommes* ». Les procureurs

---

16. Le mot *patarino*, utilisé en Italie du nord, viendrait, on ne sait pourquoi, d'un mot du dialecte milanais signifiant chiffonnier.

et les juges de l'Inquisition, tels des « fascistes » et fanatiques qu'on retrouve toujours au cours de l'histoire, enflammèrent leur haine maladive en inventant des calomnies sur le mot cathare. Ils imaginèrent que Cat vient du mot de bas latin qui a donné chat. Selon eux, Lucifer, le gardien de l'enfer, apparaissait aux cathares, adorateurs du diable, lorsqu'ils adoraient le cul d'un chat. Cathare voudrait dire adorateur des culs de chat.

C'est à ce bas niveau que les tribunaux de l'Inquisition jugèrent, il y a plus de sept cents ans, les fidèles d'une doctrine qui défendait l'égalité de l'homme et de la femme, la liberté de foi et de pensée, la propriété en commun ; qui était opposée à l'esclavage et à la peine de mort ; qui voulait que l'homme soit un homme libre et non un serf.

Ce fut une vision dont les points de départ avaient été l'Anatolie de l'ouest et les Balkans, la Dalmatie et le Péloponnèse, qui fut d'abord épuisée par les attaques de l'Église catholique pour ceux dépendant du pape, et par les Églises orthodoxes pour les autres, et quand elle s'orienta vers l'Islam, elle disparut, avec l'achèvement de la conquête ottomane, de la région qui l'avait vu naître lorsque les « Amis de Dieu » furent crucifiés avec Börklüce Mustafa et pendus haut et court avec Cheikh Bedreddin et Torlak Kemal. L'expansion de la doctrine vers l'Europe occidentale par la Lombardie se produit au XIIᵉ siècle, deux cents ans avant l'affaire de Cheikh Bedreddin. Avant de suivre son destin en France méridionale, je veux raconter la vision qui reste aujourd'hui de la forteresse de Carcassonne, le château médiéval le plus imposant d'Europe, écrasé sous les fers des chevaux des armées croisées, après la prise de la forteresse de Béziers, en Occitanie.

Prosper Mérimée, créateur de *Carmen*, l'inoubliable belle espagnole, a signé une autre grande œuvre, hors de la littérature : l'*Inspection générale des Monuments historiques*. On salue avec un respect mêlé d'émerveillement cet auteur, devant les monuments qu'il a soustraits de la démolition et de la disparition, dans cette France qu'il parcourut pas à pas depuis 1833, lorsqu'il fut nommé à ce poste.

La citadelle de Carcassonne, une des villes médiévales les plus typiques d'Europe, est un des monuments qu'il a sauvés et restaurés, avec la collaboration de Viollet-le-Duc et l'aide d'un Carcassonnais, Cros-Mayrevielle.

Je suis allée la première fois dans cette ville féodale à l'occasion d'un festival de musique, pour entendre *Porgy and Bess* au théâtre en plein air. Je suggère de tout cœur à mes compatriotes turcs qui désirent voir d'autres belles choses que les vitrines des Galeries Lafayette à Paris de découvrir cette ville du moyen âge, à 750 kilomètres au sud de Paris. Ils vivront un moment inoubliable. On entre par un pont suspendu par des chaînes, tout à fait comme il y a mille ans, dans la forteresse entourée d'une double muraille dont la partie extérieure est longue d'un kilomètre et demi. La hauteur des murailles atteint par endroits vingt-cinq à trente mètres. Je suis passée par des portes de chêne épais garnies de clous de fer, en marchant sur des poutres centenaires, pour faire l'escalade de la ville par des ruelles étroites pavées de ce qu'à Istanbul on appelle des pavés albanais, c'est-à-dire qui tordent les pieds. Je dis escalade, parce que les murailles entourent comme une couronne le front de la colline au sommet de laquelle la vieille ville est située. Les rues en grimpette, où sont plantés les uns à côté des autres des maisons du moyen âge, des restaurants, des ateliers de peinture et de sculpture, parviennent enfin à un endroit plat et s'ouvrent sur le théâtre en plein air et sur l'agora, où des cafés offrent des boissons fraîches à l'ombre de peupliers blancs.

L'endroit le plus élevé de la colline est un château féodal, plongé dans la fraîcheur du silence, dans lequel on pénètre encore par un pont-levis posé sur un fossé, un peu au loin de l'animation bruyante des humains.

Le décor est si réel qu'on peut s'imaginer que surgira de la porte le jeune vicomte Trencavel, monté sur son cheval noir galopant des quatre fers, qui, parce qu'il défendait les cathares, fut jeté dans un cul de basse fosse dans son propre château et mourut du poison que la femme qu'il aimait lui fit boire de sa propre main.

Mais au lieu de Trencavel faisant cliqueter sa cuirasse d'acier avec l'oriflamme occitane jaune et rouge du glorieux château, apparut devant moi une ravissante jeune suédoise, avec une poitrine prête à faire craquer son tee-shirt, le postérieur recouvert d'un minuscule morceau de blue-jean qu'elle essayait de faire ressembler à un short. Par derrière, un Viking, aux jambes velues, une carte géographique à la main.

Ne considérez pas que ce soit un décor hollywoodien recevant l'assaut estival des touristes locaux ou étrangers. Dans toutes les maisons de la ville-forteresse de Carcassonne habitent de vrais carcassonnais. D'ailleurs, eux-mêmes ne s'intéressent guère aux touristes qui se pressent dans les rues. Plutôt que d'être tournées vers l'extérieur, les maisons s'ouvrent par une ouverture qui donne sur la cour intérieure, comme dans toutes les parties du bassin méditerranéen qui ont conservé les bonnes traditions. Les gens du pays passent par cet adorable pont suspendu et peuvent entrer avec leur voiture jusqu'à l'intérieur des maisons. Les touristes, bon gré mal gré, viennent « pedibus cum jambis »...

Le peuplier blanc, arbre sacré du demi-dieu Hercule, qui selon la légende a donné leur nom aux Pyrénées, est abondant sur les pentes de ces montagnes. Depuis les plus petits hameaux du Midi-Pyrénées jusqu'aux villes, dans tout endroit habité il y a une place avec des peupliers blancs. Comme pour se souvenir dans son subconscient d'une épopée qui a pris place dans la mémoire collective, à Carcassonne aussi il y a une pareille place avec des peupliers blancs. Les glaces délicieuses aux terrasses des cafés rafraîchissent les palais desséchés les jours brûlants d'été ; de jeunes musiciens donnent à table des concerts pour quelques sous à l'ombre des peupliers blancs.

Mais moi, ce jour-là, je cherchais à déjeuner d'un plat meilleur marché et plus nourrissant qu'une coupe de glace, c'est-à-dire un petit restaurant dans un coin tranquille. Apparut une minuscule place avec un énorme puits au milieu. Debout à côté du puits, un groupe de jeunes scouts écoutait des marches de la Révolution française, que jouait sur un orgue de Barbarie un homme à casquette qu'au premier coup d'œil j'avais pris pour leur chef. Après le concert, les jeunes scouts se dispersèrent et je compris que le joueur d'orgue était le patron d'un restaurant de rêve, en terrasse, encadré d'une superbe glycine mauve, avec des tables recouvertes de nappes à damier blanc et rouge.

Ne croyez pas que Carcassonne, une des plus grandes villes féodales d'Europe, est un amas de vieilles pierres. Les cours intérieures sont une forêt de pots de fleurs, des géraniums rouges sont accrochés à chaque fenêtre sur la rue, et des belles-de-nuit, des fleurs de toutes les couleurs, sont plantées et surgissent de chaque centimètre carré de terre entre les pierres. Quand tombe la fraîcheur du soir sur les murs centenaires qui ont bu le soleil toute la journée, un parfum de jasmin s'échappe des cours intérieures où le touriste n'entre pas. Je n'oublierai jamais la place avec son puits où s'ouvraient trois petits restaurants.

Je suis donc entrée au restaurant à la glycine mauve du chef scout, mais j'aurais mieux fait de m'abstenir... Les plats étaient merveilleux, le prix correct. Viande, légume, salade, vin et glace, je dévorai le menu du jour et payai une addition qui, même calculée avec notre pauvre argent turc, était bon marché. Puis vint le moment du café. J'allumai tranquillement une cigarette... L'organiste-restaurateur ouvrit la bouche, fronça les sourcils. Une pluie de conseils, une tempête. Et il trouve un de ses semblables assis à la table voisine. J'avais en main la cigarette allumée, soufflerai-je ou ne soufflerai-je pas la fumée que j'ai dans les poumons ? Rien à faire, je vais étouffer. Ces deux personnages pondaient tant de mauvaises nouvelles, comme si j'allais tomber et mourir sur le coup en fumant cette cigarette. J'allais dire : Non, je ne la laisse pas, ce n'est pas vous, c'est moi qui vais mourir, mais eux disaient que je n'avais pas le droit de m'empoisonner. Oui, mais on est en plein air, il y a la glycine sur nos têtes... Ils s'entêtèrent comme de vieilles mules. Sans masquer mon héroïsme, je fumai ma cigarette, je payai l'addition et finalement m'enfuis ; mais une autre fois j'irai sûrement au restaurant aux géraniums rouges : j'ai vu les clients fumer tranquillement leur cigarette en sirotant leur café. Le restaurateur organiste gardera ainsi son air pur pour lui seul. D'ailleurs, j'aurais dû me méfier de son apparence de chef scout.

Le profond enracinement en Occitanie de la doctrine cathare, qui s'est répandue dans presque toute l'Europe occidentale, de Florence à Oxford, suggère l'idée que cette doctrine, au contraire d'autres religions qui utilisent la misère comme capital, trouvait ses partisans dans des sociétés mûres possédant une puissance économique. Mais il ne faut pas en conclure que l'explosion du fait cathare en Occitanie soit l'explosion régulière, fonctionnelle, de l'accumulation d'un capital qui cherche des conditions meilleures. La religion cathare apparaît, au milieu de régions riches, avec les thèses que cette richesse doit être également partagée, qu'elle doit être utilisée pour le bien de tous, et que la richesse individuelle n'est pas une bonne chose. Elle se développe en réaction contre les dogmes de l'Église catholique, défenseur de l'ordre établi.

La doctrine cathare, qui présente une énorme richesse intellectuelle en contrepartie d'une vie très simple pour ses membres, d'un produit du travail partagé en commun et d'une série de sacrifices, est un cas. Elle n'est pas une hérésie, c'est-à-dire une modification de la religion officielle ; c'est une autre religion, incompatible avec le christianisme, même si les cathares sont des chrétiens renégats qui se donnaient eux-mêmes le nom de chrétiens. Elle surgit dans les régions où la prospérité et la consommation sont relativement élevées et trouva des partisans parmi les seigneurs, qui pourtant profitaient largement du gâteau des institutions existantes. Ce fait paraît contradictoire et demande une explication.

Ces seigneurs féodaux étaient révoltés contre l'Église catholique, qui percevait des impôts dans leurs seigneuries, et se fâchaient tout rouge contre le droit de souveraineté que prenait le gouvernement central à Paris, c'est-à-dire le roi, qui soutenait l'Église en pleine décomposition morale. Dans ces conditions, leur soutien aux cathares, qui défiaient l'autorité de Rome, et par conséquent l'autorité de l'Église catholique et du roi, était cohérent. Avant même d'adhérer à la religion cathare, le but essentiel de la révolte armée des nobles d'Occitanie, qui donnaient toute leur âme et toute leur puissance féodale à la cause cathare, comme le vicomte de Trencavel, jeune seigneur de Carcassonne, était simple : ils voulaient rester indépendants, et n'obéir ni au Roi dans le nord, ni au Pape à Rome.

De plus, leur prospérité avait amené ces seigneurs à un certain niveau intellectuel et spirituel, et leur faisait prêter l'oreille à une doctrine qui s'élevait contre les dogmes dominants établis. Un bon nombre de seigneurs acceptaient la doctrine cathare sur le plan spirituel et brandissaient leur épée avec une force qui prenait sa source dans leur foi.

Jetons un coup d'œil aux conditions historiques et sociales pour mieux décrire le cadre de la lutte qui, plus qu'une divergence de doctrine qui dura une quarantaine d'années, prit la forme d'une révolte de l'Occitanie contre l'ordre établi de Rome et de Paris...

* * *

Dans les années 1100, ni l'Espagne ni l'Italie n'ont fait leur unité, et la France n'est pas du tout celle d'aujourd'hui. Dans le nord, dans une ville du nom de Paris où les porcs errent dans des ruelles boueuses, il y a un roi lointain, mais le lien des seigneurs au Roi est plutôt lâche. La force principale, c'est le Pape, à Rome. Les seigneurs, tout comme le Roi, par peur d'être excommuniés, sont liés au chef religieux qui applique les règles dures comme fer de l'Église catholique. Pourtant, la situation du Pape n'est pas brillante. La chrétienté, en Orient comme en Occident, c'est-à-dire aux berceaux de ses origines, a reculé fortement devant l'Islam, et parfois s'est même effacée. Pour ne parler que de l'Occident, l'Église, qui applique aux autres des règles strictes, vit dans une pourriture interne. Dans les églises, les prêtres, les cardinaux prêchent la pauvreté et mentionnent la bonté et la douceur de Jésus, mais ils se remplissent la panse et boivent ce qu'ils disent être le sang de Jésus dans des gobelets d'or. L'évangile a condamné durement les riches. Jésus[17] a pourtant dit à un homme riche : « *Une seule chose te manque : va, ce que tu as, vends-le et donne-le aux pauvres, et tu auras un trésor dans le ciel : puis, viens, suis-moi.* » Et ailleurs : « *Oui, je vous le répète, il est plus facile à un chameau de passer par le trou d'une aiguille qu'à un riche d'entrer dans le royaume des Cieux.* » Les statues idolâtrées de Jésus, avec la couronne d'épines, ne peuvent se soulever sous le poids des émeraudes et des diamants. L'Église est à cette époque une sangsue sur le dos du peuple. Pour que l'ordre établi ne

---

17. Évangiles de Marc, 10, 21, et de Matthieu, 19, 24.

s'effondre pas, ses représentants frappèrent sur l'unique arme de l'homme contre la peur, sur le fait de s'aimer par le rire, c'est-à-dire sur la porte des petites joies, un sceau de cinq lettres, le PECHE. C'est le message qu'Umberto Eco a donné dans *Le Nom de la Rose...*

Selon l'église romaine, il n'y avait que le catholicisme romain et l'église grecque orthodoxe. Le protestantisme ne naîtra que dans quatre siècles. Mais l'Église mère était la catholique. Rome ne considérait les orthodoxes comme chrétiens qu'avec des grincements de dents. D'ailleurs, en 1453, les nobles grecs de Constantinople n'ont-ils pas donné cette réponse, à l'Église catholique qui s'efforçait de faire accepter à l'Église de Byzance son signe de croix inversé : « *Plutôt le turban des Turcs que la mitre des Latins !* »

* * *

Au XIIᵉ siècle, l'Occitanie était un pays riche, raffiné, prospère, qui avait sa propre langue. Âge de la pierre dans le royaume de la France du nord, âge de la soie en Occitanie. Les barons du Nord se couvraient encore de fourrures devant le roi, pour ne pas avoir froid, et leur grand plaisir était d'aller à la chasse au sanglier en poussant des hurlements sauvages pour ensuite faire rôtir la bête à la broche ; dans les châteaux d'Occitanie on se réunissait pour faire de la musique, réciter des poèmes, boire et s'amuser. Ces réunions avaient un nom : la poésie courtoise. Les belles dames des seigneurs organisaient, dirigeaient et présidaient ces réunions, où l'amour des beaux-arts se mêlait aux amours des dames. Les seigneurs et le peuple du midi raffolaient des belles choses et avaient l'esprit large et ouvert.

Les troubadours jouaient de la musique et chantaient toute la nuit, les poètes récitaient leur dernière production ; étendues sur des canapés, vêtues de robes de soie, les jolies femmes et les hommes encourageaient les arts ; ils prolongeaient leur conversations littéraires et érotiques en se passant de main en main les coupes garnies de pierres précieuses. Alors que les barons du Nord suivaient les appels du Pape qui à tout instant les convoquait à une croisade pour courir à de nouveaux pillages, la raison pour laquelle les seigneurs du midi n'avaient pas autant d'enthousiasme n'est-elle pas claire ? Pourquoi galoper à dos de cheval dans le vent de sable, la terre et la poussière, à travers les déserts d'Arabie ?

Une des seigneuries d'Occitanie prit une grande importance ce siècle-là : le comté de Toulouse. Toulouse était une des grandes villes d'Europe. Les Occitans (appelés à l'époque Provençaux) étaient ouverts à toutes les influences. Ils avaient des relations avec les pays musulmans. La Faculté de Montpellier, fondée par des chrétiens et des juifs, faisait appel à des arabes pour enseigner la médecine. Le droit romain, droit écrit, qui s'imposera en France à la Révolution, dominait, contre le droit germanique, droit coutumier, qui prévalait dans le Nord. La pratique du serment disparaissait et était remplacée par le contrat écrit. Les cathares, en interdisant à leurs adeptes le serment, ne firent qu'accentuer cette tendance. La féodalité existait, mais le servage était en régression. Une classe bourgeoise et commerçante émergeait. En peu de temps, la fortune, l'influence et la prospérité du pays du comte de Toulouse Raimond VI atteignirent une dimension qui pouvait faire vaciller le prestige du roi Philippe Auguste à Paris. À vrai dire, le comte de Toulouse se sentait moins proche de Paris que du royaume d'Aragon, dont la capitale, Saragosse, est maintenant en Espagne, et qui comprenait Barcelone.

En 1988, Paris et Barcelone ont été farouchement rivales pour les Olympiades d'après Séoul. Quand les jeux sont restés à

Barcelone, un bon nombre de Toulousains auxquels on demandait leurs impressions à la radio étaient-ils attristés ?

– Vraiment, nous n'avons pas de peine que Paris ait perdu. Barcelone, c'est plus près... et elle est des nôtres ! disaient-ils.

Huit cents ans ne suffisent pas à effacer une mémoire collective.

Mais vers l'an 1200 il n'y avait pas que le roi à Paris qui gâchait la joie de vivre de la riche Occitanie. Le comte de Toulouse, les seigneurs de Carcassonne, Béziers, Narbonne, Montpellier s'irritaient beaucoup contre l'Église de Rome. À chaque récolte, l'Église envoyait ses encaisseurs, ramassait parfois le tiers, parfois la moitié des récoltes des paysans, dérobait « pour la chrétienté » par bourses entières l'or des seigneurs, et c'était elle qui faisait la loi. Plaisir interdit, amour interdit, péché par-ci, péché par-là... Alors à quoi servaient tant de richesses, si on ne pouvait pas en jouir ? De plus, les croisades contre le Croissant, contre l'Islam, avaient pris un goût bien amer. Était-il facile de partir en abandonnant famille et enfants, et surtout les assemblées de la poésie courtoise avec la dame de ses pensées ? Le Pape était bien nanti. Ceux qui versaient leur sang n'étaient pas les prêtres.

Pendant que le peuple et les seigneurs du pays d'Oc étaient dans cette situation difficile, la doctrine bogomile partit de chez nous, de Turquie, et par delà l'Italie, fit une étape en Occitanie, où elle prit racine. Une nouvelle espèce d'hommes apparut, du nom de cathares, à l'ombre des châteaux. Ils étaient comme des colombes de paix, venues d'une autre planète, dans un monde de contradictions où l'Église catholique, avec sa rigidité fanatique à double face, se heurtait à la joie de vivre occitane. En peu de temps, leur nombre s'accrut, ils s'organisèrent et créèrent une véritable institution. Ils donnaient la première importance au travail manuel, et de ce fait, le plus souvent, exerçaient des métiers manuels orientés vers la nature, l'élevage, le tissage ; parfois, on les appelait les tisseyres, les tisserands. La société cathare se composait en général d'ouvriers et d'artisans. Quand des commerçants ou des nobles se convertissaient à la nouvelle croyance, si le travail qui les occupait jusqu'à ce jour n'était pas conforme aux règles de la communauté de travail, ils étaient dans l'obligation de l'abandonner et de gagner leur vie à la sueur de leur front. À leur mort, ils laissaient leur fortune à la caisse commune des cathares. En fait, la doctrine cathare n'avait aucune sanction pour faire changer le mode de vie des gens. Ne parlons pas de la peine de mort, ils étaient contre la notion même de châtiment, ils refusaient l'autorité judiciaire. Il était ainsi écrit dans leurs livres : « *Ne jugez pas. Vous aussi ne pouvez être jugés.* » Toute personne entrant parmi eux acceptait en conscience leurs valeurs communes. Aux moments et aux endroits où il le fallut, des milliers d'Occitans, cathares et non cathares, prirent leur épée et défendirent par leur sang les dignitaires religieux cathares, les parfaits, qui ne touchaient pas aux armes, et qui pour la première fois reconnaissaient l'égalité des droits aux femmes. Et on les appelait les Chevaliers cathares. Quelle était donc la magie fascinante de cette doctrine, quel était le livre de cette religion ?

Ma religion lave plus blanc
des chrétiens qui n'adorent pas la croix

Le livre des cathares, c'est une nouvelle interprétation des Evangiles.

Rappelons d'abord qu'au Moyen Âge, la notion de société « laïque » était inimaginable (il en est de même encore dans certains pays).

Et la notion de « tolérance », de respect envers la croyance de l'autre, qui nous semble une des bases de notre mode de vie occidental, n'existait pas à l'époque, sauf, dans une mesure limitée, en pays occitan, ou en Espagne arabe. En pays chrétien, on était de la religion de son souverain, selon la règle : « *cujus regio, ejus religio* ».

Plus tard aussi, dans l'Empire ottoman, les turcs, musulmans, laissèrent en paix chrétiens et juifs. Mais chacun devait avoir une étiquette, une religion (même s'il ne la pratiquait que fort peu : l'athéisme, ou l'absence de religion, était impensable), et rester à sa place. Souvent ils se distinguaient par leur costume, et même par la couleur de leurs maisons. En dehors de l'Islam, l'Empire ottoman ne tolérait que les religions dirigées par les patriarches orthodoxes et arméniens, et par le grand rabbin[18] (les arméniens catholiques en surent quelque chose au début du XIXe siècle).

Autrement dit, la notion de « laïcité », et même de « tolérance » est très récente, et plutôt française. L'Édit de tolérance, dit « Édit de Nantes », qu'Henri IV signa en 1598 et que Louis XIV révoqua en 1685, fut mal compris. D'ailleurs, il ne concernait que les protestants, et non les juifs ni les autres croyances. Paul Claudel, grand écrivain mais catholique inconditionnel, aurait dit : « La tolérance ? Il y a des maisons pour cela...! »

Tout récemment, dans l'ancienne Yougoslavie, la règle « *cujus regio, ejus religio* » est réapparue dans toute sa violence.

Puisque l'époque qui nous intéresse ignorait laïcité et tolérance, toute force qui apparaissait opposée à l'ordre établi était obligée de commencer chaque phrase, en pays chrétien, par «*Ce sont nous les vrais chrétiens...* », ou en pays musulman : « *Ce sont nous les vrais musulmans...* » Ils le disaient en y croyant réellement, non par une ruse plus ou moins consciente. Et si, en fin de compte, leurs phrases se terminaient généralement par une idée opposée à l'affirmation : « *Ce sont nous les vrais...* », ils sauvaient leur peau, au moins pour quelque temps. Nous disons pour quelque temps, parce que l'histoire de l'humanité est pleine d'exemples où l'autorité de l'ordre établi a tôt ou tard anéanti ces initiateurs qui faisaient fleurir les primeurs des changements à venir. Comme dans l'histoire du coq qui chantait trop tôt. Même si le soleil, pour une journée, est né avant son temps réel.

---

18. À Istanbul vers 1900, la cérémonie de la présentation des vœux au Sultan Abdulhamid, lors des fêtes musulmanes, suivait encore cette règle. Voir : « Avec mon père le Sultan Abdulhamid, de son palais à sa prison », par la princesse Aiché Osmanoglou (L'Harmattan 1991), page 98.

L'excellent film récent de Yousef Chahin, *Le Destin* (al Masir) évoque sur ce thème, de façon un peu fantaisiste il est vrai, les difficultés du philosophe espagnol arabe Averroés (Ibn Rouchdi) avec les autorités chrétiennes en Occitanie et musulmanes en Espagne.

Présenter le catharisme comme une hérésie ou comme une religion opposée au christianisme fut l'œuvre des autorités ecclésiastiques soucieuses de préserver leur pouvoir. Quand l'Église rejeta systématiquement l'esprit individuel lors du concile de Constantinople en 869, malgré la tradition (*Que le Dieu de la paix lui-même vous sanctifie totalement, et que votre être entier, l'esprit, l'âme et le corps, soit gardé sans reproche à l'Avènement de notre Seigneur Jésus Christ*, première lettre de Paul aux Thessaloniciens, 5, 23, ou ... *Que le renouvellement de votre jugement vous transforme et vous fasse discerner quelle est la volonté de Dieu, ce qui est bon, ce qui lui plaît, ce qui est parfait*, lettre de Paul aux Romains, 12, 2) pour ne plus reconnaître que le corps et une âme qui peut être spiritualisée, il fallait que l'enseignement originel reste intact. Le christianisme spirituel devait bien réaffirmer l'existence de l'esprit individuel, germe de « l'homme nouveau », pour que l'homme sache « renaître en esprit ». Les hommes se préoccupaient de leur corps ; l'Église se préoccupait de leur âme ; les cathares voulaient se préoccuper de leur esprit. Une des nouveautés du catharisme, dans le contexte médiéval dominé par la doctrine très verrouillée de l'Église romaine, était de poser le cadre de cette liberté spirituelle. Toute aventure personnelle dans le domaine de l'Esprit, face au dogme catholique, était une hérésie et une insubordination à l'autorité ecclésiastique qui se voulait gardienne de la foi et agissait comme investie de la propriété du christianisme. C'était une attitude évidemment subjective et bien des chrétiens dans l'histoire se chargèrent d'affirmer le contraire, démontrant au moins que l'enseignement du Christ a pris plusieurs directions, sinon plusieurs interprétations. Les trois grandes religions issues d'Abraham, Judaïsme, Chrétienté et Islam, seraient bien en mal de revendiquer et monopoliser la pureté et la vérité de l'enseignement chacune pour elle-même, ou une quelconque légitimité historique exclusive.

Ce n'est qu'au Concile Vatican II (1962-1965) que l'Église a rompu avec sa conception monopolistique de la religion et a reconnu l'existence d'autres « vérités » capables aussi « d'illuminer » tous les hommes (déclaration Nostra Aetate)[19].

Le catharisme avait une influence profonde parce que ses adeptes vivaient parmi la population, se déplaçaient dans les moindres hameaux, prêchaient incessamment. Le porteur de l'Esprit devait apparaître au milieu des hommes pour manifester la réalité de l'Esprit et en porter l'efficience. Le sage qui ignore le monde est ignoré du monde. Auraient-ils vécu reclus dans des monastères, les cathares n'auraient jamais déclenché une croisade contre eux.

Dans une spiritualité où, aux yeux de l'extérieur, l'homme compte plus que la doctrine, aucune influence n'existe sans la présence et la qualité de l'homme. C'est d'ailleurs lorsque les moines catholiques, dominicains et, plus tard, franciscains, sortirent de leurs monastères qu'ils purent commencer à s'opposer efficacement aux prédicateurs cathares et contrebalancer l'image déplorable du clergé séculier.

Tout comme Cheikh Bedreddin, qui se considérait comme le prophète d'un Dieu conforme à l'Islam, les cathares proclamaient : « *Ce sont nous les vrais Chrétiens...* » Mais ils

---

19. *Principes* repris très clairement aux paragraphes 839 et suivants, et 2104, du « Catéchisme de l'Église Catholique », publié par Jean Paul II en 1992 (un des *best-sellers* des dix dernières années, vendu à des millions d'exemplaires).

refusaient les dogmes essentiels qui constituent la base du christianisme :

Le message cathare paraissait simple. Les cathares niaient la divinité de Jésus, mais acceptaient le principe fondamental de la religion chrétienne : Jésus est le messager de Dieu et a apporté au monde un merveilleux message d'amour et de fraternité. L'Islam – et Cheikh Bedreddin – partageaient la même croyance, mais pour eux, Jésus n'est pas le fils de Dieu, et n'a pas réellement ressuscité. Ils voyaient Jésus comme un prophète égal aux autres.

Les cathares refusaient absolument l'adoration de la croix, de statues et d'images, ils n'acceptaient pas le signe de croix. Ils demandaient aux catholiques : « *Si on pendait ton père, adorerais-tu la corde qui l'a étranglé ?* » Les musulmans, on le sait bien, refusent le culte des images.

D'après les cathares, il n'y a pas eu de miracles, et il n'est même pas question que Jésus ait accompli des miracles. (Sur ce point, ils diffèrent de Cheikh Bedreddin, dont on dit qu'il aurait fait quelques miracles).

Cheikh Bedreddin et les cathares manifestaient la même incroyance envers le jour du compte rendu que toutes les religions monothéistes acceptent sous le nom de résurrection et de jugement dernier, et ils ne croyaient pas non plus à la récompense et au châtiment du Paradis et de l'Enfer, ni ne croyaient qu'aucun homme, y compris Jésus, ne ressusciterait.

Pourtant le Coran dit : « *Et de ceux-là il en est qui croient, et il en est qui s'en éloignent. Mais l'Enfer avec ses flammes suffit à ceux-là. En vérité, ceux qui ne croient pas à Nos signes, Nous les brûlerons dans le feu. Chaque fois que leurs peaux auront été consumées, Nous leur donnerons d'autres peaux, pour qu'ils puissent sentir le supplice. En vérité, Allah est puissant ; il est sage* » (sourate IV, dite des Femmes, 58, 59). Le Coran le répète ailleurs sous d'autres formes (sourate XXIII, dite des Croyants, 103 à 106: « *Et lorsque la trompette sonnera...* » etc., etc.).

Écoutons un peu ce que dit Bedreddin à ce sujet :

« Il n'y a pas de continuité pour le corps, il n'est pas possible qu'après la mort les parties du corps se reconstituent ; les ignorants qui attendent le jour de la résurrection l'attendront longtemps encore ! »

Les idées des cathares et de Bedreddin, qui refusaient la notion de paradis et d'enfer et la résurrection, étaient, en soi, une révolution pour ces époques-là. Toutefois, la doctrine cathare croit à la notion d'une âme qui existe en dehors du corps et qu'après la mort, de façon conforme aux principes manichéens, l'âme qui pendant la vie a atteint le Bien parvient à Dieu qu'ils définissent comme la force infinie, alors que l'âme qui n'a pu se libérer de l'influence de la force du Mal, qu'ils nomment le Prince du Monde ou le Dieu obscur, continuera son existence dans le corps d'un animal quelconque. Si les parfaits, les représentants de cette religion, ne mangeaient pas de viande (ce qui avait été demandé aussi aux anciens Turcs par les inscriptions de l'Orkhon), c'était pour ne pas se trouver en l'état de meurtre que serait une intervention brutale pouvant créer une rupture dans la durée de la seconde vie de cette âme. Des centaines de parfaits ont été brûlés devant les juges de l'Inquisition parce qu'ils ne pouvaient pas égorger une poule, en raison de leur croyance à une sorte de réincarnation.

Les cathares repoussaient aussi la notion du baptême, base du christianisme. D'après leur doctrine, la religion ne peut être un héritage passant de la mère et du père aux enfants, et ils considéraient comme religion la foi que l'individu a librement acceptée. Pour cette raison, tant que leurs enfants n'avaient pas atteint leur majorité, ils ne pouvaient être considérés comme cathares, et une fois majeurs, et seulement s'ils voulaient être cathares, ils entraient alors dans la communauté.

Si ce n'est pas une liberté de conscience, c'est quoi, ce que le monde occidental n'a pu réaliser qu'au cours des cent dernières années, au moins sur les documents officiels, et ce à quoi la société musulmane n'a pas encore pu réfléchir ?

Revenons un instant à notre monde actuel et racontons ce qui est arrivé à un citoyen étranger qui allait à la section des étrangers de la Direction de la Sûreté d'Istanbul en 1980 :

L'étranger, qui demandait un permis de séjour, remplit la fiche que lui donna l'agent de police de service, écrivit sa date de naissance, etc., et traça un trait sur la question de l'appartenance à une religion. Le policier jeta un coup d'œil sur la fiche et demanda avec stupéfaction :

– Toi, tu n'as pas de religion ?

– Non, je n'en ai pas.

– Est-ce possible, quelqu'un sans religion ? Même si tu ne pratiques pas, tu as au moins une religion, non ?

– Non, je n'en ai pas. Écrivez : sans religion.

– A quelqu'un comme toi qui as une figure angélique, est-ce que je peux écrire sans religion, autrement dit que tu es un impie, un mécréant, un scélérat ? Dis-moi, ton père, ta mère, ils sont de quelle religion ?

– Eux aussi n'ont pas de religion, Monsieur.

Plein de bonne volonté, le policier n'y comprenait plus rien :

– Bien, dans ton pays, les gens sont le plus souvent de quelle religion ?

– En général, la plupart sont catholiques.

Le policier biffa le trait sur la fiche et écrivit : catholique.

* * *

Dans les pays qui ne sont pas régis par les règles islamiques, on n'écrit plus la religion sur les papiers d'identité. Au Liban, qui pendant des siècles a fait partie de l'Empire ottoman, ce n'est qu'en 1997 que les autorités ont délivré les premières cartes d'identité nationales (magnétiques) qui ne précisent pas la religion. La mention de la religion sur la carte d'identité libanaise a été à l'origine de l'assassinat de milliers de personnes lors de la guerre civile.

Quant aux cathares, ils avaient appliqué, dès le XIIe siècle, la règle que la personne, tant qu'elle est enfant, n'appartient à aucune religion, et donc la règle de liberté de croyance (ou d'incroyance).

Il y eut jadis des catholiques qui luttèrent aussi pour le droit d'aller à la messe sans y être forcés à coups de bâton. C'était une façon de défendre leur dignité d'homme, et peut-être aussi leur foi. Et comment agit-on aujourd'hui dans certains pays musulmans ?

La Tosca, le fameux opéra de Puccini, dont le récit se déroule à Rome au début du XIXe siècle, n'est-elle pas écrite sur le thème de l'absence de liberté d'expression qui régnait alors dans les États pontificaux ?

Les cathares, qui avaient supprimé toutes les fonctions des prêtres, la messe et la liturgie, y compris la confession, donnèrent le dernier coup aux tabous du christianisme en déclarant que le suicide n'était pas un péché...

pendant que les tribunaux de l'Inquisition faisaient périr des milliers de cathares sur le bûcher des places publiques...

pendant qu'ils escaladaient ces belles montagnes où finissent les forteresses...

dans les grottes où Hercule jouait à cache-cache avec sa fiancée Pyrènè...

ils se condamnèrent à mourir de faim, des centaines se suicidèrent par un jeûne à mort.

* * *

Si on considère *ce que n'est pas le catharisme*, que nous avons défini comme une synthèse du christianisme et du manichéisme, qui soutient la thèse de la vue d'un monde double qui se fonde sur le couple du Bien et du Mal, et cela depuis l'époque de Zarathoustra, il est possible d'y voir des aspects tout à fait contemporains et étonnants. Mais dire la même chose en considérant *ce qu'est le catharisme* est bien difficile. La doctrine, orientée cette fois tellement vers la tolérance, la paix et l'amour, ne peut pas appartenir à notre époque, où tout le monde se fait la guerre!...

Revenons à nos moutons. La religion cathare ne montrait pas une concordance totale avec notre cadre logique d'aujourd'hui, en dépit de tous ses aspects concrets. Les conditions sociales et culturelles de l'époque où elle a pris forme ne le nécessitaient pas, sans aucun doute. L'alternative qu'elle avait développée contre les tabous de l'époque où elle prospérait, à côté de ses approches très positives, était celle d'une religion conservatrice et difficile, qui demandait, à ceux qui s'y dévouaient, des sacrifices dans une mesure peut-être inutile. Le catharisme n'a nullement développé le goût de la hiérarchie, des honneurs, des décorations et de paraître. Qu'ils aient été revêtus (autre nom donné aux parfaits), diacres ou évêques, les bonshommes ne se distinguaient ni par l'habit, ni par les privilèges, ni par des marques de respect. Porteurs de l'Esprit, ils étaient tous égaux en l'Esprit et ne mettaient aucune individualité en avant.

Par exemple, le cathare qui n'était pas au service de la religion, c'est-à-dire qui n'était pas un parfait, pouvait manger de la viande, se marier et avoir des enfants, et aller à la guerre. Mais ils pouvaient faire tout cela, en principe, parce qu'ils étaient encore sous l'influence du Dieu obscur. Au contraire de l'Église catholique, qui considérait l'amour comme un péché mais consacrait le mariage, la doctrine cathare refusait de consacrer le mariage, du point de vue religieux, tout en voyant le mariage d'un œil favorable, et accusait de proxénétisme les prêtres catholiques qui le célébraient. C'est-à-dire que le cathare ordinaire, sous l'influence du Dieu obscur, pouvait être amoureux et fonder une famille, mais le mariage, du point de vue religieux, n'avait aucune valeur. Par conséquent l'adultère du mari ou de la femme n'était pas considéré comme un second péché, mais était une partie d'un monde qui n'était pas bien. Cette façon de voir les choses était-elle bonne ou mauvaise, laissons-le à votre interprétation !

Les obligations attendues d'un cathare laissé à lui-même étaient à la fois peu nombreuses et faciles, et très difficiles. Il n'y avait pas de cérémonie d'entrée dans la religion. Il n'y avait pas de prière à des heures ou des jours fixes, ni de prières avec des formules toute prêtes. Nous avons déjà dit qu'il n'y avait ni crucifix, ni confession, ni baptême. La seule cérémonie sacrée de la doctrine, celle qui préparait à la mort, était la prière de la consolation, le *consolament* en occitan. C'était une sorte d'adieu : « *Va en paix, ne regrette rien.* » Cette prière, que récitait un parfait, en tenant la main de l'homme ou de la femme qui allait mourir, était la pierre de soutènement de la religion cathare. Et il était si important de vivre consciemment une croyance que, pour les cathares, le consolament ne pouvait se donner qu'à ceux qui mouraient en pleine conscience, et ne se donnait pas à ceux qui étaient dans le coma ou trop gravement malades. On ne pouvait le donner qu'aux adultes, car la foi, le libre choix, le consentement conscient clairement formulé, étaient nécessaires ; les cathares rejetaient le baptême des petits enfants, ignorants du sens du sacrement, comme une aberration. Si la personne ayant reçu le consolament ne mourait pas mais survivait, alors elle était dans l'obligation de finir ses jours parmi les parfaits, en qualité de serviteur de la religion.

Un autre rite était le *melhorament*, une sorte d'adoration, une salutation du simple croyant au parfait, qui consistait à s'incliner trois fois devant le pur de façon à adorer en lui le Saint-Esprit. En s'inclinant, le croyant demandait à Dieu la grâce d'être conduit à une bonne fin : faire une mort véritablement chrétienne.

Quand les chevaliers cathares durent de se battre contre l'Inquisition et mourir, ils écoutèrent le *consolament*, unique et dernière prière, en allant au champ de bataille. Mais pour ne pas finir leur vie au service de la religion s'ils ne mouraient pas et revenaient sains et saufs, il suffisait que la main qui octroie la consolament ne les touche pas, et si pendant le combat ils étaient grièvement blessés, ils demandaient qu'un parfait vienne et les serre dans ses bras.

C'est un peu enfantin et c'est très beau, n'est-ce pas ? Et si on réfléchit bien, de plus, ce n'est pas plus illogique que les religions qui « doivent s'adapter à notre époque ».

Une économie collective
à la façon d'une banque moderne

Le simple cathare, en dehors de la seule cérémonie du *consolament*, était libre d'organiser sa vie à sa guise, et même s'il commettait des erreurs, le responsable en était le Dieu obscur sous l'influence duquel il se trouvait. Le parfait, au service de la religion, n'avait que la charge de mettre le cathare dans le droit chemin pour sauver son âme.

Les hommes et les femmes cathares au service de la religion, auxquels on donnait le nom de parfaits ou parfaites, bons hommes ou bonnes femmes, n'étaient nullement de ces saints personnages, moines ou anachorètes, qui se retirent du monde et se plongent dans des pensées mystiques ou gisent dans l'attente de nouvelles de l'au-delà. Au contraire, la Communauté cathare (pour ne pas dire l'Église cathare) était la créatrice et la gardienne d'une gestion de l'économie du type de la Commune, qui orientait la vie de la société. La Communauté cathare, en un sens, c'était l'État. Elle se donnait de tout son poids à la vie sociale et économique, elle fournissait du travail au chômeur et nourrissait l'affamé au moyen des activités qu'elle finançait par une caisse commune. La Communauté cathare était une institution, une religion, mais pas de la forme de l'Église catholique. Tout au contraire, la Communauté cathare ne s'intégrait pas au système féodal. Il n'y avait pas d'exploitation foncière, de biens immobiliers, de spéculations immobilières. Elle ne visait à aucun droit ni à aucun pouvoir sur le secteur des travailleurs. Elle ne collectait pas d'impôts ni ne faisait travailler des serfs.

Dans la religion cathare, il n'y avait ni riche, ni pauvre, ni seigneur, ni esclave. D'ailleurs, c'était là le secret de son recrutement de nombreux partisans en peu de temps.

En face de la vie simple que menaient les cathares parfaits et de leur conduite qui n'était pas orientée vers les biens de ce monde, la caisse commune de la Communauté cathare était pleine et conservait une grande richesse. Par le travail des ateliers, le produit monétaire des travaux manuels des cathares qui y consentaient et de tous les hommes de religion entrait dans la caisse, et de plus, tous les croyants qui avaient reçu le consolament avant de mourir lui léguaient leurs biens. L'argent mis en commun était utilisé pour la gestion de la Communauté cathare, mais uniquement pour le bien du peuple. Les Communautés employaient les épargnes accumulées pour développer leurs ateliers, elles envoyaient des fonds sous forme d'aide aux cathares obligés de fuir en Lombardie, la caisse servait à tout, depuis l'achat de catholiques haut placés qui pouvaient soutenir les cathares, jusqu'à payer des salaires aux gardes armés qui accompagnaient les hommes de religion obligés de fuir d'un endroit à un autre lors de l'Inquisition.

Il y eut même des cas, pour faire fructifier les fonds, où l'on prêta de l'argent à taux réduit à des seigneurs partisans des cathares !

La caisse commune des cathares fait venir à l'esprit une banque moderne sans but lucratif (si cela pouvait exister !).

L'étrange trésor des cathares, que l'on a fait fuir, comme nous le verrons plus loin, du prestigieux château de Montségur, et qui n'a jamais été retrouvé, c'était peut-être cela la richesse de cette banque. Dans les villages médiévaux d'Occitanie, encore aujourd'hui, il y a des hommes qui rêvent de trouver ce trésor, des chercheurs de trésor auxquels l'eau vient à la bouche.

Quand la doctrine cathare dit que tous sont égaux, vraiment tous sont égaux. Dans les procès-verbaux de l'Inquisition où, depuis les noms des dénonciateurs jusqu'aux calomnies les plus infâmes, tout est écrit, aucun chef, aucun nom, aucun guide n'apparaît dans la communauté cathare, tout comme chez Bedreddin ou chez Spartacus. L'identité de nombreux parfaits est connue, mais aucun n'est plus important que les autres.

Dans l'histoire, le catharisme est peut-être même l'unique mouvement de masse sans chef qui soit apparu contre l'ordre établi. Cette indépendance ne signifie pas l'absence de hiérarchie, mais elle était très réduite. Il y avait des diacres et des évêques – élus – vivant comme les autres fidèles. L'évêque cathare était plutôt un coordinateur, chargé parfois des relations avec le monde extérieur, alors que l'évêque catholique, à l'époque, était un véritable seigneur féodal, disposant d'un pouvoir temporel. La communauté était formée de deux groupes : les purs, ou parfaits, au service de la religion, et les croyants. Les croyants avaient l'obligation de respecter les purs, qui avaient voué leur vie pour les croyants et pour le bien. Ce respect avait trois formes. Quand on rencontrait un parfait, on le saluait en s'agenouillant trois fois devant lui et on participait aux réunions de la Communauté faites sous forme de discussions ouvertes à tous. Dans les réunions, les purs exposaient aux cathares leur double vue du monde (opposition du Bien et du Mal) et comment le Bien pourra triompher, ils partageaient le pain en souvenir de la dernière Cène de Jésus, et, la réunion finie, les purs saluaient chaque cathare par un Baiser de Paix donné trois fois d'abord sur les deux joues, puis sur la bouche. Les croyantes faisaient de même entre elles, mais après transmission du baiser du parfait par l'intermédiaire du Livre.

Aujourd'hui, dans la région du Languedoc, les gens ont depuis longtemps l'habitude de s'embrasser trois fois, à la différence des Français du Nord (qui depuis quelques années maintenant s'embrassent quatre fois), et cela vient d'une tradition cathare.

Si on considère le mode de vie que les purs trouvaient convenable pour eux-mêmes ; si cette doctrine avait survécu, on peut penser que les hommes de religion auraient été de moins en moins nombreux au cours des temps et disparaîtraient. Certes les religieux et religieuses catholiques aussi font vœu de chasteté et pourtant il y en a toujours depuis des siècles (même s'il y a une crise de recrutement aujourd'hui) ; mais le mode de vie des parfaits était infiniment plus exigeant et plus dur.

Les purs, hommes et femmes, qui reconnaissaient tous les droits aux cathares ordinaires, ne se mariaient pas. Ils s'habillaient de noir et se coiffaient d'une sorte de toque ou bonnet. Les parfaites aussi s'habillaient de noir, mais leur tenue ressemblait à celle des autres femmes, sauf qu'elles cachaient toujours leurs cheveux. Quand vint la persécution, ils s'habillèrent comme tout le monde, mais de préférence de bleu sombre ; ils se rasèrent les joues, portèrent les cheveux plus courts, pour ne pas être remarqués. Mensonge et serment étaient interdits. Toute parole qui sortait de la bouche d'un cathare, quelles que soient les menaces devant lesquelles il se trouvait, devait être prononcée d'une seule façon, correcte, et avec une foi qui ne nécessitait pas le serment, et même l'interdisait. En droit moderne comme en droit romain, le document écrit remplace le serment, beaucoup plus pratiqué en droit coutumier germanique. Si on réunit cela avec le fait qu'ils étaient contre l'acte de tuer selon la règle : « *ne juge pas, toi non plus tu n'as pas à être jugé* », ils ont imprimé leur sceau à la première organisation de l'histoire qui soit contre la violence.

Ils ne mangeaient ni viande, ni œufs, ni lait ni fromage, d'ailleurs ils passaient le quart de l'année à jeûner.

Du point de vue de leur doctrine, le plus grand péché était la lâcheté et la peur. Ils considéraient que le courage est la plus grande vertu, et croyaient qu'il fallait absolument surmonter la peur de la douleur et de la mort. Le plus grand courage que ceux-ci voulaient expliquer et inculquer au peuple cathare, c'était de ne pas avoir peur du feu.

Quand les gardiens de l'ordre établi passèrent à l'action, étant donné que les cathares pressentaient ce qui pourrait leur arriver, tout homme ou femme qui voulait entrer dans cette religion acceptait la foi cathare avec la conscience d'avoir à endosser tôt ou tard la chemise de feu.

Les parfaits demeuraient en groupe dans des lieux appelés maisons : bien sûr, les hommes et les femmes séparément, pour ne pas inciter à l'action le Prince de la Terre (Satan). Les cathares, qui pour devenir des purs acceptaient la nécessité de sacrifices sans limites et d'une grande force de volonté, passaient une période préparatoire de trois ans dans l'une de ces maisons, et d'une part travaillaient dans les ateliers, de l'autre complétaient leur instruction religieuse. Au bout de trois ans, si le candidat ne se voyait pas d'une force suffisante pour devenir un parfait, il revenait à sa vie ordinaire ; s'il était décidé à rester un homme au service de la religion, il continuait sa vie en qualité de parfait et recevait, de son vivant, le consolament que les cathares ordinaires demandaient au moment de leur mort.

La religion cathare, qui, au début, s'organisait dans le plus grand secret, se manifesta publiquement envers ses partisans et adversaires avec la réunion du concile réuni dans la bourgade de Saint Félix de Caraman, dans les environs de Toulouse, que dirigea un métropolite bogomile du nom de Nicétas, venu de Constantinople en 1167. Nicétas créa six diocèses albigeois en France et un diocèse patarin en Italie, à Desenzano (région de Brescia).

Les seigneurs occitans organisèrent souvent des tables rondes où les parfaits cathares et les prêtres catholiques discutaient. Les cathares dominaient toujours dans ces joutes verbales, et la nouvelle religion se répandait sur les terres occitanes comme une avalanche. « L'hérésie » fit de grands progrès : les paroisses étaient sans prêtres, les familles refusaient de faire baptiser leurs enfants. Parfois, les cathares s'installaient dans les églises abandonnées. Le plus souvent, le clergé resté catholique faisait preuve d'une inertie pour le moins complice et n'entrait pas en conflit avec la population.

Le pape Innocent III, devenu pape à trente-huit ans, en 1198, mania à la fois la persuasion et la force. Il chargea Dominique de Guzman, le futur saint Dominique (né à Caleruega, province de Burgos, v. 1170 – Bologne, 1221), d'exhorter les albigeois ou cathares à renoncer à leur hérésie, et Dominique força leur respect par son esprit évangélique de pauvreté et d'humilité. Mais il venait trop tard. C'est à la même époque qu'en Italie, François d'Assise (1182-1226), né dans une riche famille, créa la surprise et peut-être aussi le scandale en menant un vie de pauvre moine mendiant....

En dernier lieu, en 1204, après des menaces brandies par les représentants du Pape, le roi d'Aragon organisa une session de conciliation cathare-catholique. On comprit alors que les cathares devraient revêtir la chemise de feu. Pendant que les seigneurs d'Occitanie se préparaient à faire face aux armées des croisés, les cathares voulurent restaurer la forteresse légendaire de Montségur, qui leur venait de la fille d'un comte qui était des leurs. En cas de besoin, leur dernier recours serait de se réfugier dans ce nid d'aigle.

Les événements ensuite se précipitèrent.

En 1207, le comte de Toulouse, qui refusait de prendre des mesures rigoureuses contre les cathares, fut excommunié. Un an plus tard, un officier de la maison du comte de Toulouse assassina à Saint-Gilles l'envoyé du Vatican Pierre de Castelnau, alors qu'il s'apprêtait à franchir le Rhône.

Sur l'appel du pape Innocent III, une armée de croisés formée de seigneurs du Nord liés au roi de France descendit sur l'Occitanie et, après avoir pris Béziers, avança droit sur Carcassonne.

> *« À tous les proscrits qui erreront bientôt sur cette terre*
> *J'offre une ville, un toit, un abri, du pain et mon épée. »*

Le vicomte Trencavel, qui se préparait à défendre la forteresse de Carcassonne par cet appel passé dans l'histoire, était un chevalier occitan de vingt-quatre ans, audacieux et beau garçon. Bien que lui-même ne fût pas cathare, il refusa de séparer les cathares de son peuple et de les livrer à l'armée des croisés.

A la suite d'un siège de quinze jours, Arnaud Amaury, le boucher de Béziers, fit prisonnier le jeune vicomte qu'il avait fait sortir de la forteresse sous le prétexte de négocier la paix. Le peuple de la ville, resté sans chef, quitta Carcassonne au milieu d'une nuit et se réfugia dans les seigneuries des environs. Lorsqu'à l'aube les croisés entrèrent dans la ville, ils ne trouvèrent presque personne, et se livrèrent au pillage en toute quiétude. Le grand dignitaire de l'Église, qui avait fait jeter Trencavel dans les geôles de son propre château, donna la seigneurie à un noble du nom de Simon de Montfort, qui ne possédait aucune terre, et qui s'était fait remarquer lors du massacre de Béziers. D'ailleurs, ce personnage sans scrupules s'était enrôlé dans l'expédition pour acquérir biens et terres, se battait par conséquent avec une énergie indomptable, et, sans tarder, prit le commandement de l'armée des Croisés, dont de nombreux seigneurs ne voulaient pas disant que c'était un « sale travail ».

Quant à Trencavel, au troisième mois de son emprisonnement, il mourut en buvant le vin empoisonné que lui avait apporté une belle Sarrazine qu'il aimait. D'après la légende, dans les poèmes d'amour occitans, la femme d'un seigneur surnommée La Loba (la Louve), qui aimait à la folie Trencavel mais sans succès, avait joué un rôle important pour le faire prisonnier et avait organisé son empoisonnement par la main d'une jeune arabe qui avait sa préférence. L'histoire est belle. Mais on ne sait pas si elle est vraie.

D'origine normande, Simon de Montfort, le nouveau seigneur de Carcassonne, dirigea neuf ans les armées françaises qui mirent l'Occitanie à feu et à sang. Au mois de juin 1210, les croisés brûlèrent vifs cent quarante parfaits dans la forteresse de Minerve, tombée après un siège de sept mois, et, en 1211, au château de Lavaur, quatre cents parfaits cathares rendirent l'âme dans les flammes. Après la chute de Lavaur, Montfort avait la route libre pour assiéger Toulouse.

Mais ces flammes qui projetaient au ciel de l'Occitanie la fumée de chair humaine n'étaient pas encore le feu de l'Inquisition. C'était les méthodes habituelles utilisées lors de différences d'opinion et de religion. Les meneurs étaient brûlés vifs conformément aux usages ; quant aux simples cathares ramenés à la raison, auxquels le signe de la croix avait été imprimé au fer rouge sur la poitrine, ils étaient maintenus, lors de leur mise en liberté, dans l'obligation de circuler en ayant marqué sur leurs vêtements ce même signe de la croix catholique qu'ils avaient refusé d'adorer.

Comme on le voit, quand, sept cents ans après la tranche d'histoire que nous décrivons, Hitler, qui obligea les Juifs à porter l'étoile jaune sur leur revers de vêtement et ensuite les brûla dans les fours, n'imagina pas seul une pareille sauvagerie, il en modernisa l'application par de nouveaux moyens techniques que la science lui offrait, c'est tout[20].

À partir de 1233, les cathares, souvent condamnés sur le témoignage d'une seule personne par les tribunaux de l'Inquisition au supplice de la roue qui leur cassait les os un à un, ont un jour regretté le fer rouge qui marquait leur poitrine et, plutôt que subir les tortures des tribunaux de l'Inquisition, ont préféré se jeter au feu comme tous les parfaits.

Mais ces jours-là n'étaient pas encore venus, il y avait encore de l'espoir dans leurs cœurs.

Bien que Simon de Montfort, qui allait de forteresse en forteresse, eût ravagé l'Occitanie de bout en bout, nombreuses étaient les seigneuries qui, dès qu'il avait le dos tourné, regagnaient leur indépendance et relevaient la tête contre les occupants.

Pendant vingt-six ans, le Comté de Toulouse et le Royaume d'Aragon-Catalogne, qui était venu au secours de l'Occitanie, tinrent tête aux armées françaises sous le commandement de

---

20. Le quatrième concile de Latran (1205) imposa aux Juifs et aux Musulmans le port d'un insigne distinctif, appelé généralement la rouelle, qui ne disparut complètement qu'au XVIIIe siècle. En pays musulman, des mesures similaires auraient été prises à Bagdad au neuvième siècle, mais ne furent guère appliquées. Certains juifs quittèrent la France et se réfugièrent au Comtat Venaissin, qui appartenait au Pape, où ils furent bien accueillis, notamment à Carpentras ; on les appelait les juifs du pape... Le *Catéchisme de l'Église catholique*, dans ses paragraphes 597, 598, etc., fait au sujet des juifs une mise au point parfaite. Au cours de sa visite à Sarajevo en avril 1997, Jean Paul II a encore dénoncé l'antijudaïsme chrétien et rappelé les racines juives de Jésus. Il a fallu des siècles d'efforts aux hommes de bonne volonté, et la Shoah...

Simon de Montfort. Des forteresses furent prises, des forteresses furent abandonnées. La Ville rose, après avoir changé deux fois de main, était restée aux mains des Occitans ; des femmes occitanes lancèrent la pierre de catapulte qui tua Simon de Montfort lors du dernier siège par les croisés. Cette guerre était pour les Occitans une guerre de survie, le catharisme n'était qu'un prétexte.

En 1226, le nouveau pape Honorius II et le nouveau roi de France Louis VIII commencèrent une nouvelle croisade contre le sud, formée cette fois des armées royales. Les armées du nord, bien organisées, mirent à feu et à sang chaque pouce de terrain qu'elles occupaient, amenèrent à reddition sans condition le comte de Toulouse Raimond VII, et rattachèrent définitivement au royaume de France, pour toujours, toute la région du Languedoc. À ce moment, Rome utilisa une arme toute nouvelle pour anéantir la religion cathare, qui dans la région n'avait pas cessé et même s'était renforcée : la roue de l'Inquisition commença à tourner, sous la direction de Guillaume Arnaud.

La particularité des tribunaux de l'Inquisition était leur fonctionnement indépendant de toutes les règles juridiques en place depuis l'Empire romain, sans être dans l'obligation d'avoir à rendre compte à des organes juridiques civils ou religieux. C'était une sorte de tribunal d'exception, une institution au-dessus des lois. Particulier par ses méthodes de torture et de témoignage, c'était un cauchemar que le roi ne contrôlait pas, et dont à la longue lui-même eut peur.

En Occitanie, dans chaque ville, dans chaque village, un tribunal de l'Inquisition fut créé. La « fumigation » des bûchers installés sur les places publiques purifia des innocents qui avouaient sous la torture des crimes que leurs accusateurs avaient eux-mêmes dénoncés ou inventés sous la torture. D'après la croyance sur laquelle se fondait l'Inquisition, si une personne était innocente, le feu ne pouvait pas la brûler[21]. Puisque personne ne sortait vivant de la flamme des bûchers... c'est donc que tous étaient coupables. De cette façon, des voleurs de poules furent brûlés à côté des cathares, des coureurs de jupons dans les villages, qui avaient fait la cour à la femme de leur voisin et que des maris avaient dénoncés comme cathares, le furent aussi.

Aux quatre coins de l'Occitanie, des hommes ne purent plus parler avec leurs voisins, ne purent plus se fier à leurs enfants, ne purent plus se quereller avec leur femme. La tristesse s'installa sur les vertes Pyrénées, comme un nuage de pluie noire.

---

21. L'Église brûlait les « hérétiques », les cathares, Jeanne d'Arc et bien d'autres, dans une idée de « purification », et aussi par une sorte de « respect » pour la personne humaine, pour ne pas faire couler le sang. Les Ottomans avaient une idée analogue : quand, en 1793, la nouvelle de la fin de Louis XVI parvint à Istanbul, ils furent très choqués, non pas de l'exécution d'un souverain, ce qui était arrivé plusieurs fois en Turquie, mais de ce qu'on l'ait décapité, au lieu de l'étrangler proprement, comme il convenait à une personne de son rang. Une fois de plus, les Français contrevenaient aux bonnes manières.

Les bourreaux étaient têtus, mais la résistance des cathares aussi. Le peuple occitan grinçait silencieusement des dents, les cœurs se révoltaient. Entre 1230 et 1244, à l'époque où la pression de l'Inquisition se fit la plus forte, là-bas, un château brillait dans l'obscurité comme l'œil d'un aigle posé sur le sommet des Pyrénées : MONTSÉGUR (le Mont Sûr).

Aujourd'hui, il y a une principauté indépendante sur les cimes des Pyrénées qui gagne beaucoup d'argent comme marché libre et comme centre de sport d'hiver : Andorre, qui, en fin de semaine ou pour des vacances, attire la foule des touristes français moyens par son site, par les appareils photos japonais et les alcools bon marché. Il a fallu l'intermédiaire de la télévision pour que ces touristes découvrent Montségur, planté à une dizaine de kilomètres de la route principale de Toulouse à Andorre. Il y a de cela quelques années, les usagers du métro, petits-fils des victorieuses armées du nord, ont contemplé la triste histoire de l'Occitanie et la chute de Montségur ; au moment où ils dégustaient leur fromage, les cathares, dans l'étrange lucarne, avaient commencé leur grève de la faim.

La triste histoire des chevaliers cathares, avalée entre la poire et le fromage par une série télévisée, a-t-elle été une bonne chose pour Montségur, que le bavardage des guides touristiques a arraché d'un sommeil de plusieurs siècles ? Ce qui est certain, c'est qu'après cette série télévisée, chaque fin de semaine, des centaines de voitures pleines, comme des familles allant faire leurs emplettes à un supermarché, attaquaient le nid d'aigle posé dans le massif du Saint Barthélémy au sommet d'une roche verticale de 1207 mètres.

Moi, j'ai escaladé la crête verticale de Montségur un jour ensoleillé d'automne. Bien qu'on soit au XXᵉ siècle, un sentier utilisable par les chaussures à talon haut des dames n'a pas été pratiqué dans le bloc de granit, un pic (pog en occitan) en forme d'un énorme pain de sucre. Nous étions un groupe de huit touristes obstinés. Parmi nous, il y avait ma grand-mère, de soixante quinze ans. Mais quand la grand-mère aperçut la forteresse accrochée en haut du pain de sucre, elle jeta l'éponge. Nous la laissâmes dans la voiture et nous, soi-disant les jeunes, nous commençâmes la montée vers le sommet. Je ne sais pas combien de minutes dura l'escalade. Chaque pas qui nous rapprochait du mille deux cent septième mètre renforçait notre conviction que les cathares étaient apparentés aux mules ou aux chèvres. Au Nemrut Daği[22], où j'étais montée des années avant Montségur, la façon dont ces énormes statues de pierre avaient

---

22. Situé dans l'est de la Turquie, le Nemrut Daği (2150 m.) a un sommet artificiel, datant de deux mille ans, garni de statues colossales représentant Antiochos Iᵉʳ, roi de Commagène, et ses ancêtres humains et divins. L'accès est assez difficile.

été apportées là-haut m'avait passionnée, et j'avais ressenti une grande admiration pour ceux qui avaient réussi cet exploit avec les moyens de l'époque. Le Nemrut Daǧî est plus haut, mais, du point de vue de la pente et de la raideur, c'est de la montagne à vaches par rapport au pog où Montségur est construit. De plus, si on pense comment les tonnes de pierres taillées nécessaires pour un château géant où des milliers d'hommes vivaient ont été hissées, il y a des choses que l'homme ne comprend pas. La meilleure preuve de la difficulté de la construction, c'est que dans un pays comme la France, où l'on restaure allègrement des centaines de vieux monuments, ce château n'a pas encore été remis en état. La superbe forteresse qui défie l'érosion de la furieuse tramontane est encore droit debout. Mais elle a été abandonnée, et avec ses parties écroulées elle a dans ses tours l'air noble d'un seigneur tombé dans la misère. Montségur est comme un Don Quichotte de pierre, juché en haut d'un pog escarpé. D'ailleurs, l'épopée des cathares n'est-elle pas un peu du donquichottisme ?

Montségur, au VIIIe siècle, était composé de quelques murs écroulés qui restaient d'une époque ancienne, très ancienne, et constituait la dot de la fille d'un comte. Vers les années 1200, lorsque les premiers croisés commencèrent à détruire et à brûler l'Occitanie, cette noble femme, qui souhaitait donner un abri aux cathares, donna le devoir de réparer la forteresse aux paysans et ouvriers de la nouvelle foi, à laquelle elle-même avait adhéré. Après les travaux de réparations, un seigneur du nom de Pierre Roger de Mirepoix se chargea de la défense de la forteresse. Sur les vieilles ruines s'éleva ainsi en peu de temps un superbe vaisseau de pierre. Le nouveau Montségur, qui s'étend sur le ciel comme une révolte, avec ses bastions abrupts, ses murs sans fenêtres, puissants, nus, n'a pas de tours semblables à celles des autres châteaux. Chaque coin est composé d'angles aigus. Les architectes de nos jours, qui ont étudié la bizarre architecture de la forteresse, prétendent que les cathares connaissaient les règles de proportion que l'on appelle le nombre d'or et que Montségur a les caractéristiques d'un temple de dieu solaire. Un château, ou donjon, comme on voit dans les seigneuries pour loger les nobles n'a pas été construit. Il n'y a qu'une tour, carrée, de six mètres plus haute que les murailles et appuyée sur le bastion du sud ouest, pour servir de lieu d'habitation fermé. La capacité de cette tour devint très vite insuffisante pour tous les cathares qui vinrent en masse à l'époque de l'Inquisition s'abriter dans la forteresse. Les réfugiés vécurent des années sous des tentes installées à la va-vite n'importe comment dans la cour. Montségur assuma ainsi la fonction de capitale de la religion cathare, en qualité de Temple du Diable dans la langue des catholiques.

LES ÉQUIPES DES COMMANDOS
DES CHEVALIERS CATHARES
CASSENT LES REINS DE L'INQUISITION

Au mois de mai de 1242, la nouvelle que des juges de l'Inqui-sition, sous la présidence de Guillaume Arnaud, s'étaient installés dans une bourgade proche de la Ville Rose pour commencer un travail de nettoyage à Toulouse étouffa la région dans la peur. Les chevaliers cathares retranchés à Montségur l'apprirent aussitôt. Pierre Roger, commandant de la garnison, fonça dans la nuit à la tête de soixante cavaliers choisis parmi ses compagnons. Ils arrivèrent à l'aube à Avignonet, la petite bourgade où demeuraient les juges de l'Inquisition. Des haches furent distribuées aux personnes chargées de l'exécution. Tout le peuple de la bourgade se réveilla, il était d'accord avec les chevaliers cathares. C'était cela le jugement populaire sur des juges qui n'en étaient pas et qui les accablaient. Les portes des chambres où dormaient Guillaume Arnaud et six de ses disciples furent brisées à la hache, et les saints que les juges de l'Inquisition invoquèrent ne purent sauver leur tête.

La vengeance de l'armée française ne tarda pas. Au printemps 1243, les forces royales, sous le commandement de Hugues des Arcis et de Pierre Amiel, archevêque de Narbonne, chef religieux, prirent position sur les hauteurs de Montségur. Dans ce nid d'aigle, il y avait en tout cinq cents personnes, deux cents cathares jurés, dix chevaliers, et des soldats, des femmes et des enfants. Les forces assiégeantes comptaient dix mille hommes. Mais la forteresse de Montségur est tellement escarpée, tellement imprenable, que Hugues des Arcis, commandant des croisés, avait plus confiance, pour vaincre les assiégés, dans la faim et la soif qui les attendaient, que dans la force d'assaut de ses soldats.

Malgré la supériorité en nombre des assaillants, les habitants de Montségur continuaient leurs contacts, la nuit, avec les agglomérations dans la plaine, par des sentiers secrets, par des passages qu'eux seuls connaissaient, et grâce aux dépôts d'eau et de vivres accumulés en quantité importante, passèrent l'automne sans abandonner à la partie adverse le moindre bastion. Quand commença l'hiver, la situation des dix mille assiégeants paraissait plus désespérée que celle des cinq cents assiégés. Les villageois des environs, qui étaient de cœur avec les gens de Montségur, tuaient les soldats isolés, faisaient des difficultés pour fournir des vivres à l'armée assiégeante, en un mot épuisaient les Français. Ces mêmes villageois, bondissant de rochers abrupts, par des cavités secrètes et des passages qu'eux seuls connaissaient, réussissaient à apporter aux prisonniers de Montségur de l'eau, du pain, des vivres. Une épidémie de dysenterie due en partie aux aliments avariés que les villageois fournissaient aux soldats se répandit dans l'armée royale. En bref, l'armée des croisés était fatiguée, affamée et malade.

Soudain, au mois de décembre, l'engagement par Hugues des Arcis, commandant le siège, d'une douzaine d'aventuriers basques, montagnards expérimentés, changea le cours des événements. Ces guerriers basques mercenaires, sans foi ni loi, réussirent, par une habileté d'acrobates à rendre jalouses les chèvres, à grimper et à s'installer sur une aile est du château, à quatre-vingts mètres. De là, les catapultes, outil de guerre de l'époque, soumirent la forteresse à une pluie de boulets de pierre. Montségur était condamné à tomber. Malgré les pierres pleuvant sur leur tête, la neige, le froid, et la cessation de l'aide extérieure, le peuple de la forteresse résista jusqu'à fin février. Les chevaliers cathares et la garnison de la forteresse, une poignée de soldats, défendirent le château avec une énergie fantastique. Deux cents et quelque cathares, qui savaient bien qu'il n'y avait plus aucun espoir, proclamèrent leur gratitude à Pierre Roger de Mirepoix, commandant de la forteresse, et dirent qu'il était inutile de souffrir plus pour eux, qu'ils étaient prêts à la mort, et qu'ils voulaient se rendre.

La dernière nuit de février, il fut décidé de livrer Montségur.

Le 1er mars, la décision fut communiquée aux assiégeants. Le mercredi 2 mars, Pierre Roger, commandant de Montségur, et le chevalier croisé Hugues des Arcis se réunirent pour discuter des conditions de la reddition. Les étonnantes conditions de reddition que les vaincus de Montségur purent faire accepter prouvent que les armées des croisés étaient dans une situation peu brillante. D'après cette convention, les défenseurs de Montségur bénéficieraient d'une trêve de quinze jours et, après ce délai, livreraient le château au chef des croisés au nom du roi de France. Toutes les condamnations et peines décidées à l'encontre des assiégés étaient annulées, et même l'équipe qui avait tué les légats de l'Inquisition à Avignonet était pardonnée. Les soldats qui n'étaient pas de religion cathare pourraient retourner librement dans leur pays après l'instruction du tribunal de l'Inquisition.

Les autres hommes et femmes restant dans la forteresse recouvreraient la liberté s'ils renonçaient au catharisme devant les juges de l'Inquisition, mais, s'ils maintenaient leurs croyances, ils seraient brûlés vifs. Vraiment, on ne pouvait pas imaginer de meilleures conditions de reddition pour une forteresse vaincue... Mais, amis ou ennemis, tous savaient qu'aucun cathare, homme ou femme, n'essayerait de profiter de ces conditions en reniant sa foi. Les valets de l'Inquisition préparèrent les grands bûchers.

Pendant le cessez le feu de quinze jours, Montségur se ferma sur lui-même comme une coquille d'huître. Sept cents ans plus tard, d'innombrables historiens se sont cassé la tête sur le sens de cette trêve de quinze jours. Pourquoi le commandant Pierre Roger avait-il demandé cette trêve de quinze jours ? Il n'espérait d'aide de nulle part. Pensait-il encore pouvoir sauver la forteresse ? Que firent les cathares pendant ce délai ? Pourquoi en avaient-ils besoin ?

L'histoire ne donne pas de réponses nettes à ces questions. Tout ce que nous savons, c'est que les cathares, pendant cette trêve, se préparèrent à la mort sur le plan spirituel, qu'ils laissèrent tout ce qu'ils avaient aux Occitans civils et militaires qui les avaient protégés pendant douze mois en se battant corps et âme, et que, du peuple de la forteresse, quinze soldats encore adhérèrent à la foi cathare, tout en sachant que le feu de l'Inquisition les attendait. Certains qu'ils iraient à la mort, les cathares du château, anciens et nouveaux adeptes, pendant ces deux semaines reçurent le consolament et se préparèrent à brûler en qualité de parfaits.

Pouvoir dire « viva la muerte ! »

Le souverain voulut :
Avant de jeter à terre ce vivant blasphème,
avant de donner le dernier mot à la corde,
que ce prétendu savant nous dise où est la loi,
que la question soit résolue avec les représentants de la religion...
...
Il se tourna vers Bedreddin.
On lui dit : Toi aussi, parle.
On lui dit : Rends compte de la vraie foi.
....
Bedreddin a souri,
Le blanc de ses yeux s'est éclairé,
il dit :
– Puisque cette fois-ci nous sommes vaincus
Quoi que nous disions, quoi que nous fassions, c'est du superflu.
Ne parle pas plus longtemps.
Puisque le rescrit est pour nous,
Donne-le, appose le sceau sur notre poitrine...

Nazım Hikmet (*L'Épopée de Cheikh Bedreddin, fils du juge de Semaven*)

Les vaincus de Montségur sortirent de la forteresse la tête haute. Deux cents chevaliers cathares, avec des femmes et des jeunes filles, s'approchèrent comme un seul homme de la ceinture de feu qui entourait le bas de la colline de granit s'élevant comme une révolte jusqu'au ciel. Les chevaliers des armées des croisés, cuirassés d'argent, baissèrent les yeux, les simples soldats étaient comme envoûtés. L'évêque de Narbonne, rusé comme un renard, l'organisateur de la croisade, sentit dans l'air comme l'odeur d'une haleine d'admiration. Il avait compris que si parmi ceux qui allaient à la mort il y en avait au moins un qui échappait, ce spectacle extraordinaire serait raconté pendant des siècles comme un héritage passant de père en fils. Il bondit de sa place comme un arc tendu par un dernier espoir, courut, se plaça entre les cathares et le cercle de feu :

— Arrêtez, je vous dis, arrêtez ! Réfléchissez encore une fois. Parmi vous, n'y en a-t-il pas un qui renonce à sa secte ? Malgré la décision de l'Inquisition, j'apporte une dernière chance à ceux qui se repentent !

Les cathares n'entendirent pas. Les cathares ne s'arrêtèrent pas. Bertrand d'en Marti, un des parfaits, qui était en tête du groupe, sourit et dit comme s'il répondait à une autre question:

— Nous étions tous des frères...

(le massacre de Montségur, 16 mars 1244)

* * *

Le matin du mercredi 16 mars, l'évêque de Narbonne et le chef croisé Hugues des Arcis vinrent prendre livraison de la forteresse. La garnison militaire se rendit. Les cathares, qui avec ceux qui s'y étaient nouvellement joints, étaient au nombre de deux cent vingt-cinq, étaient prêts. Ils descendirent du sommet du pog à pas fermes derrière les parfaits. Sur le plan en bas de la colline, une arène avait été préparée, entourée de pieux, et, à l'intérieur, du bois et du foin avait été entassé. Le foin fut enflammé, les flammes des bûches léchèrent le ciel. Les cathares, grimpant sur les marches appuyées aux pieux, se jetèrent un à un au feu. Les blessés furent amenés sur des civières et jetés avec les autres.

Le symbole de la révolte, la capitale de la foi cathare tomba ainsi. Avec une guerre qui avait duré quarante ans, un siège de dix mois et le feu de l'Inquisition qui brûla deux cent vingt-cinq personnes, Montségur était finalement devenu une légende.

Mais ce jour-là, tous les cathares ne furent pas jetés au feu. Le commandant de la garnison, Pierre Roger, avait caché quatre parfaits dans un coin secret de la forteresse. La nuit du 15 au 16 mars, ils descendirent par des cordes des rochers escarpés, passèrent la gorge de Peyre et allèrent chercher un coffre contenant un trésor qui avait été déjà transporté fin de décembre dans une grotte sur un flanc retiré des Pyrénées. Avec leur charge précieuse, ils arrivèrent au château d'Usson, et là se retrouvèrent avec les deux autres parfaits qui avaient alors caché ce trésor. L'histoire perd ensuite la trace du trésor cathare et des quatre fugitifs.

Alors qu'était cette caisse ? Qu'était ce trésor des cathares? Sans aucun doute, ce ne pouvait être que la caisse commune de la communauté. Sa valeur et son importance devaient être telles que Pierre Roger, commandant de la garnison, avait soutenu une pareille entreprise qui mettait en risque l'ensemble des conditions de la reddition. Il faut savoir que Pierre Roger, qui n'avait pas fait profession de foi cathare, vit brûler devant lui sa femme, sa fille et sa belle-mère, qui étaient des parfaites. Beaucoup de choses ont été dites, beaucoup de choses ont été écrites sur ce trésor pour lequel, afin de ne pas le laisser passer à l'ennemi, les cathares mettaient non seulement leur vie en danger, car eux-mêmes savaient qu'ils allaient mourir, mais aussi la vie de trois cents autres personnes. Cela fait sept cents ans que les hommes qui vivent dans les montagnes des Pyrénées ont nourri le rêve de pouvoir trouver un jour ce trésor, *aurum, argentum et pecuniam infinitam* (de l'or, de l'argent et de nombreuses pièces), dit le chroniqueur. Mais d'aucuns pensent que ce trésor contenait autre chose... et tous le cherchent encore.

Ces rêves font désormais partie de la légende de Montségur. Un poète occitan a écrit[23] :

La Nuèit de Montsegur

O lutz inagotabla
torna, torna renaisser
de las cendras dels morts.
L'oimbre que ten serrada
lo punh del rei nafrat
desliure sa colomba.

O lumière inépuisée
renais, renais encore
de la cendre des morts.
L'ombre que tient serrée
le poing du roi blessé
se délivre colombe.

---

23. Cité par le site Internet « Le Cenre d'études cathares / René Nelli ».

Après la chute de Montségur, quelques châteaux encore étaient restés aux mains des cathares. Ils poursuivirent leur existence une dizaine d'années encore, en résistant un à un. En 1251, la souveraineté sur la Ville rose, après le décès du comte de Toulouse Raimond VII, mort sans laisser d'héritier, passa au royaume de France. Le peuple se révolta plusieurs fois contre les tribunaux de l'Inquisition qui jugeaient encore les cathares et les brûlaient, ils tuèrent des juges, les chassèrent. Mais, chaque fois, les vainqueurs revenaient plus forts et plus impitoyables. Les cathares réfugiés dans les forêts, dans des grottes, étaient arrêtés, suivis à la trace par des chiens, des centaines furent passés au fil de l'épée, les chefs furent brûlés. Un bon nombre se condamnèrent à mourir de faim dans les grottes et se suicidèrent ainsi. En 1255, les deux derniers châteaux, Queribus et Puylaurens, tombèrent. Avec la mort sur le bûcher en 1321 du dernier parfait connu, Guillaume Belibaste, la doctrine et l'activité cathare entrèrent dans l'histoire.

* * *

Le catharisme, qui depuis les plus puissants seigneurs jusqu'aux paysans les plus modestes, depuis les riches bourgeois jusqu'aux petits artisans, réunissait des milliers d'hommes sous le même toit, pour un monde plus humain, plus juste, plus égal et plus digne, fut vaincu ainsi devant les partisans de l'ordre établi, devant les rats d'église qui avaient peur de perdre leurs profits injustes et leur pouvoir malpropre.

Or depuis les terres d'Anatolie jusqu'aux montagnes des Pyrénées, depuis la mer Égée jusqu'à l'océan Atlantique, ils avaient voulu étreindre un monde sans esclavage, pour un ordre plus juste, pour une humanité plus digne.

Aujourd'hui si votre route passe par la région de l'ancienne Occitanie, du nouveau Languedoc, où la Méditerranée se heurte aux flancs des Pyrénées, examinez bien les collines sur la route de Toulouse à Carcassonne. Ces statues géantes, plantées comme des fusées de pierre prêtes à être lancées dans l'espace, défient la pluie et les vents fous de la tramontane, pour faire vivre le souvenir des héroïques chevaliers cathares.

ANNEXES

Toulouse, cette ville rose qui a donné son nom à une chanson de Claude Nougaro, le jazzman célèbre, enfant de la ville, a ajouté ces dernières années un nouveau surnom : la ville-cerveau. Le centre de la vieille Occitanie, qui est venu au stade de métropole de la haute technologie de la France à l'intérieur de l'Union européenne, a réussi à réunir exactement six mille chercheurs de premier ordre, dans des laboratoires parmi les plus développés du monde, dans un éventail large de connaissances, qui va de la biotechnologie aux vaisseaux spatiaux. Dans les pôles de la technologie européenne de 1992, deux nouveaux foyers fleurissent : Barcelone et Toulouse. Deux villes dont les histoires sont sœurs, deux vieilles partisanes de nos cathares. Les savants dont les cerveaux bouillonnent dans les pays froids du nord rivalisent pour mettre le grappin sur ces deux belles métropoles de la Méditerranée. De plus, à Toulouse, il n'y a pas la pollution de l'air et de l'environnement qui est une plaie à Barcelone. L'industrie électronique du XXIe siècle, bien sûr, n'est pas un mode de production qui fonctionne en faisant une grande fumée noire. Tout au contraire, dans les laboratoires de la ville

Cerveau, on travaille sur des voitures propres et intelligentes, sur le projet de brevet EUREKA qui a pour but de neutraliser les déchets de l'industrie qui détruit l'équilibre biologique. Tous ces projets sont des entreprises collectives de l'Union européenne. Toulouse, qui malgré toutes ses performances technologiques, ne perd pas le plaisir de boire son pastis au coucher du soleil, a une université de pointe, ancienne et fameuse, surtout avec ses facultés de médecine et d'ingénierie nucléaire. Une des traditions les plus colorées de cette université est le carnaval des étudiants, vers la fin février. Un des thèmes préférés des fêtes du carnaval, vécu par des centaines de milliers de jeunes pendant 24 heures dans les rues, ce sont les fêtes cathares, qui portent le nom de K-tare. Les mannequins des juges de l'Inquisition sont jetés au feu, comme si les cathares prenaient une revanche centenaire. Une flamme cathare part de Toulouse et est portée par des coureurs jusqu'à Montségur.

Le passé du carnaval est exactement de trois cents ans. Cette fête « sans foi, sans noblesse et sans limite » que la bourgeoisie installée a essayé d'empêcher et qui a attiré les foudres de l'Église depuis le XVIIe siècle, a finalement été laissée tranquille vers la fin du XXe siècle, chacun a pu faire ce qu'il voulait.

Un des grands, mais très grands seigneurs, qui est resté de nos jours parmi les anciens nobles occitans, c'est qui, le savez-vous ? Le peintre inoubliable des cabarets parisiens, Henri de Toulouse-Lautrec.

Les carnavals, dans le pays de Toulouse-Lautrec, qui a suppléé par le génie de ses mains à sa jambe boiteuse, portent un peu les traits libres de l'artiste.

Préface de l'édition turque
par Ilhan SELÇUK[24]

L'aurore de l'humanité n'a pas lui facilement.

Quand l'homme a-t-il découvert le feu ? Mystère. Dans l'obscurité de la nuit, le feu n'est qu'une lueur minuscule ; mais, pour éclairer l'intelligence de l'homme, l'histoire a dû attendre bien longtemps, avec une patience infinie.

Il est difficile de savoir combien de temps s'est écoulé pour que la pâle lueur du petit jour succède à l'obscurité. Les siècles passés avec la percée, de-ci de-là, de quelques rayons de lumière surgis de l'autre côté d'un ciel noir de poix, puis avec l'écrasement sur les peuples d'une nouvelle obscurité, ont enterré combien de générations ?

Il y a des exemples dans l'histoire ; parfois, l'aube a semblé sourire, l'homme a espéré que le jour allait poindre, puis son rêve s'est brisé.

Dans le passé, le fanatisme religieux a créé partout dans le monde des régimes, des systèmes, qui paraissent différer les uns

____

24. Journaliste et écrivain.

des autres, mais pour l'essentiel sont un seul. Quelle est la règle de base de ces systèmes ? Tu croiras, tu adoreras, tu ne penseras pas, tu ne douteras pas, tu ne feras qu'obéir ; sans le passer au crible de ta réflexion, tu adopteras l'Ordre que les maîtres qui dominent le monde ont créé au nom de Dieu.

Celui qui lève le doigt pour changer cet Ordre doit être mis à mort, au nom de Dieu.

Grandes sont les contributions, pour dissiper l'obscurité, de ceux qui – toujours au nom des dieux – se sont révoltés contre cet Ordre, qui a recouvert notre planète de l'est à l'ouest et du nord au sud. À l'ouest, le mouvement de la **Réforme** n'annonce-t-il pas l'âge des **Lumières** ? L'obstination de Luther contre le Pape de Rome était aussi au nom de la religion, et s'appuyait sur une logique ; mais, en ouvrant la voie à l'intelligence, il a allumé sous le dôme de l'Église une chaude lumière pour la pensée humaine.

Et alors, n'y a-t-il eu personne avant Luther ?

Dans l'histoire, il y a toujours eu des précurseurs et des retardataires. Aucun événement ne peut se réaliser sans s'ajouter à une ossature qui existe déjà.

Ainsi, quand nous connaissons les Chevaliers cathares, nous pouvons penser que, dans l'arbre généalogique de l'humanité, cette branche s'étend très proche de celle de Cheikh Bedreddin. L'étouffement de ces deux courants par les bourreaux de l'obscurantisme met en évidence la similarité de leur destin.

Les Chevaliers cathares ont péri sur le bûcher par ordre de l'Église. Nous savons que tout homme brûlé dans l'obscurité de l'histoire a fait naître une étincelle pour la lumière de l'avenir et que chaque défaite sanglante a jeté en terre les semences des retours ultérieurs.

Nazım Hikmet a évoqué cette réalité dans *L'Épopée de Cheikh Bedreddin*, en relatant le firman de la condamnation à mort :

« Bedreddin a souri,
Le blanc de ses yeux s'est éclairé,
il dit :
– Puisque cette fois-ci nous sommes vaincus
Quoi que nous disions, quoi que nous fassions, c'est superflu. »

Bedreddin disait : « *cette fois-ci, nous sommes vaincus* » . Cette parole montre sa confiance dans l'avenir.

Ce que nous avons ici n'est pas un livre historique.

C'est une épopée, ou un roman, ou autre chose, qui vous fait connaître un peu de la sève profonde qui coule dans les veines de l'humanité ; mais ce n'est pas un conte, c'est la grande aventure de la réalité.

La présentation des cathares au lecteur turc par **Mine G. Saulnier** donne sa valeur au livre. Un souffle de foi orienté vers l'homme, qui commence du nord des Pyrénées, et devient un modèle incluant la justice sociale, puis son mélange ensuite avec les vents qui atteignent les plaines et les bourgades de Turquie, créée des pages d'histoire passionnantes. Prenant forme sous la plume de Mine G. Saulnier, cela devient un livre d'aujourd'hui, qui nous montre cette époque sous un œil actuel.

Même aujourd'hui, en Turquie, la **liberté de conscience** et la **justice sociale** ne sont-elles pas les premiers problèmes ?

Ce livre est l'épopée de l'homme, brûlé sur les bûchers d'Occitanie, ou pendu sur la place du marché de Serrès.

Il faut toujours répéter que l'homme ne peut pas facilement devenir un homme ; le chemin qui reste à parcourir aujourd'hui est encore long.

BIBLIOGRAPHIE

ANTHOLOGIE DE LA POÉSIE TURQUE CONTEMPORAINE / Jean Pinquié et Levent Yilmaz, Publisud 1991

AVEC MON PÈRE LE SULTAN ABDULHAMID, DE SON PALAIS À SA PRISON, par la princesse Aïché Osmanoglou, traduit par Jacques Jeulin / L'Harmattan 1991.

CAHIERS D'HISTOIRE – N° 70 – 1998 : excellent N° spécial sur les cathares, qui fait le point sur l'historiographie et la connaissance du catharisme et de la pensée cathare.

CARNAVAL À TOULOUSE / Clause Sicre

CATÉCHISME DE L'ÉGLISE CATHOLIQUE, publié en français par Mame / Plon, Paris 1992

CENTRE D'ÉTUDES CATHARES RENÉ NELLI (site Internet) à Carcassonne.

DERVICHES DES BALKANS, DISPARITIONS ET RENAISSANCES, dans Anatolia Moderna, Yeni Anadolu, N° 4, travaux de recherches de l'Institut français d'études anatoliennes, édités sous la direction de Jacques Thobie : étude de Thierry Zarcone sur les anciens derviches de la Dobroudja, avec référence à l'ouvrage de Franz Babinger, « *Schejh Bedre ed-din, des Sohn des Richters von Simaw* », dans Der Islam, 11, 1921.

EFFACEMENT DU CATHARISME (Cahiers de Fanjeaux, 20).

ENCYCLOPAEDIA UNIVERSALIS

ENCYCLOPÉDIE DE L'ISLAM / Paris, G.-P. Maisonneuve & Larose, 1991.

FIRST ENCYCLOPAEDIA OF ISLAM 1913-1936 E. J. Brill, 1987.

GRANDE ENCYCLOPÉDIE LAROUSSE / Paris 1984 (10 volumes).

GUIDE BLEU DE LA TURQUIE / Hachette.

GUIDE EN TERRE CATHARE / Jean-Yves Tournié.

HISTOIRE DE L'EMPIRE BYZANTIN / A. A. Vasiliev (traduit du russe) Picard, Paris 1932.

HISTOIRE DE L'EMPIRE OTTOMAN / sous la direction de Robert Mantran, Fayard, 1989.

HISTOIRE DE L'EMPIRE OTTOMAN DEPUIS SON ORIGINE JUSQU'À NOS JOURS / Joseph von Hammer-Purgstall, Paris 1835-1843, trad. de l'allemand, 18 vol., Pest 1827-1835, non réédité et introuvable ; c'est une édition en ancien turc (traduction par Mehmet Ata, Istanbul, 1911) qui a été utilisée.

HISTOIRE DES TURCS D'ASIE CENTRALE / W. Barthold (trad. de l'allemand), Maisonneuve, Paris 1945.

IL MILLENIO BIZANTINO / Hans Georg Beck, de l'Université de Munich (trad. d'allemand en italien) Éditions Salerno, Rome 1981.

ISTANBUL TOURISTIQUE / Ernest Mamboury, Çituri Biraderler, Istanbul 1951.

JOURNAL *LE MONDE*

LA BIBLE DE JÉRUSALEM, traduite sous la direction de l'École biblique de Jérusalem, Éditions du Cerf, 1994.

LA PHILOSOPHIE DU CATHARISME / René Nelli, Payot.

L'ÉPOPÉE CATHARE (4 vol.) / Michel Roquebert, Éditions Privat.

LA RELIGION CATHARE / Michel Roquebert.

LE CORAN, traduction d'Édouard Montet, Payot 1944.

LE DRAME ALBIGEOIS ET L'UNITÉ FRANÇAISE / J. Madaule, Gallimard 1973.

LE LIVRE SECRET DES CATHARES / Edina Bozoky, Beauchesne, 1980.

LE MIDI PYRÉNÉEN / Larousse (Beautés de France).

LE PHÉNOMÈNE CATHARE / René Nelli, Privat 1964.

LES CATHARES : HISTOIRE ET SPIRITUALITÉ / Philippe Roy, Éditions Dervy, 1993.

LES CITÉS CHARNELLES OU L'HISTOIRE DE ROGER DE MONTBRUN / Zoé Oldenbourg, Gallimard 1983.

MONTSÉGUR / Georges Serrès.

MONTSÉGUR, LES CENDRES DE LA LIBERTÉ / Michel Roquebert, Privat 1981.

PROTESTANTS DU MIDI / Janine Garrison, Bibliothèque historique Privat, Paris 1991 (préf. de Jacques Godechot).

UN ÉTRANGE VOYAGE /Nazım Hikmet, Éditions La Découverte 1980.

En turc :

HAYAT ANSIKLOPEDISI

ISLAM ANSIKLOPEDISI

INÖNÜ ANSIKLOPEDISI

SIMAVNE KADISI OĞLU ŞEYH BEDREDDIN DESTANI / Nazım Hikmet

Revue Tarih ve Toplum de mars 1993, article de Gad Nassi sur les pauliciens, les bogomiles et la mystique musulmane.

TÜRKLERIN TARIHI, PAR DOĞAN AVCIOĞLU, volume IV, Tekin Yayın Evi, Istanbul 1983.

VARIDAT / Şeyh Bedreddin.

Table des matières

DES MÊMES AUTEURS,
PARUTIONS CHEZ DIVERS ÉDITEURS

Principales publications de Mine G. Saulnier

GÜLÜN ÖTEKI ADÏ (L'AUTRE NOM DE LA ROSE) : Recherche sociologique sur les foyers bogomiles d'Anatolie et de Thrace et leurs liens historiques avec les Cathares. Première édition en Turquie 1989, rééditions en 1990, 1993 et 1997. Une adaptation théâtrale a été présentée dans le cadre du festival d'Avignon en 1993, sous le titre « UN CRI À TRAVERS LE MONDE ».
PANDISPANYA (PAIN D'ESPAGNE) : Mémoires, 1989.
SINEK SARAYÏ (LE PALAIS AUX MOUCHES) : roman. Première édition 1990, rééditions en 1991, 1994 et 1997 (traduit en français par Jacques Jeulin, voir plus bas).
KADïN KAFESLERI (CAGES AUX FEMMES) : Nouvelles. Première édition 1991, deuxième édition 1992.
BEN, SIZ VE KÖPEKBALÏKLARÏ (VOUS, MOI ET LES REQUINS) : Nouvelles, 1992. La première nouvelle de ce recueil a été traduite en français par les Éditions de l'UNESCO.
TOPUK TIKIRTILARI (mémoires parisiens). Première édition 1996.
YALNIZ KALEM (Seule La Plume) : Première édition 1997.

Jacques Jeulin

– a traduit en français :
AVEC MON PERE, LE SULTAN ABDULHAMID, DE SON PALAIS À SA
    PRISON, par la princesse Aïché Osmanoglou (L'Harmattan, 1991)
LE PALAIS AUX MOUCHES, par Mine G. Saulnier (L'Harmattan, 1996),

- et a adapté en turc moderne et publié en 1980 et 1983, en roman feuilleton dans un quotidien d'Istanbul (le *Tercüman*), de larges extraits de « Temaşa-i-dunya » (*Le Spectacle du Monde*), roman picaresque écrit dans les années 1860 en « karamanli » (ancien turc écrit en caractères grecs) par Evangelinos Misailidis.

*Achevé d'imprimer en Juin 2000
pour le compte des Editions e-dite par ISI
68-?0, rue des Pyrénées
75020 Paris
N° Ed. : 2012 - Dépôt légal : Juin 2000*

*Repris par les éditions de l'œil du sphinx
36-42 Rue de la Villette
75019 Paris*

Imprimé par KDP